GEORGES PEREC

A PSICANÁLISE NOS JOGOS E TRAUMAS DE UMA CRIANÇA DE GUERRA

GEORGES PEREC

A PSICANÁLISE NOS JOGOS E TRAUMAS DE UMA CRIANÇA DE GUERRA

Jacques Fux

/re.li.cá.rio/

CIP -Brasil Catalogação-na-Fonte | Sindicato Nacional dos Editores de Livro, RJ

F996g

Fux, Jacques

Georges Perec: a psicanálise nos jogos e traumas de uma criança de Guerra / Jacques Fux. - Belo Horizonte, MG : Relicário, 2019.

140 p. ; 13cm x 19cm.

Inclui bibliografia e índice.

ISBN: 978-85-66786-86-6

1. Psicanálise. 2. Georges Perec. 3. Segunda Guerra. 4. Metatestemunho. I. Título.

CDD 150.195
2019-240 CDU 159.964.2

COORDENAÇÃO EDITORIAL Maíra Nassif Passos
PROJETO GRÁFICO & DIAGRAMAÇÃO Ana C. Bahia
REVISÃO Lucas Morais

RELICÁRIO EDIÇÕES
Rua Machado, 155, casa 2, Colégio Batista
Belo Horizonte, MG, 31110-080
relicarioedicoes.com | contato@relicarioedicoes.com

INTRODUÇÃO

O primeiro encontro; um grande estranhamento

Eu nunca tinha ouvido falar de Georges Perec até que me deparei com o livro que mudaria minha vida e minha capacidade de enxergar a literatura, a ficção, as brincadeiras, subversões e inter-relações das diversas áreas do saber. *A vida modo de usar* caiu em minhas mãos e me deixou perplexo, confuso, alterado. Porém, no início, não entendi nada. Até achei que seria um livro de autoajuda fornecendo-me indicações e recomendações de como usar (ou manusear) minha própria vida. Vida essa que, naquele momento (como em todos), se encontrava inquietante.

O estranhamento, o mal-estar, o desconforto que o livro causou me motivou a continuar lendo e relendo as famigeradas e quase indecifráveis páginas. Eu tentava descobrir, revelar e desvendar todos os mistérios do *puzzle* com que Perec me presenteava. Aquilo era literatura, mas era também jogo, trapaça, matemática, filosofia, lógica, desespero, elucubração. Depois de uma grande labuta – inúmeras leituras, gozos, desesperos e fruições –, um caminho de sonhos e de possibilidades literárias se abriu. Fiquei fascinado. Encantado. Iludido com uma ficção improvável, mas, ao mesmo tempo, maravilhosa. Esse *brave new world* nunca mais se fechou – e me constituiu definitivamente escritor –, sem deixar de lado minha veia e minha paixão pela matemática.

Perec foi membro do OULIPO, um grupo que brincava com ideias e estruturas matemáticas diversas utilizando-as na composição de seus livros. Parece complicado, enigmático e limitante – e poderia até afugentar certos leitores –, mas não é. Ler Perec é a possibilidade de adentrar em um distinto e inesperado universo. Um mundo que se expande, se interpõe e se projeta em múltiplos cenários e perturbações. A matemática funciona como um objeto desejo velado que tenta governar o mundo contingente. A lógica, em Perec, busca por explicações, por belezas recalcadas, por profundidades quase inacessíveis. Algo que repousava no coração da criança traumatizada pela perda prematura de seus pais.

O jogo indecifrável da vida pregou peças em Perec. Sua mãe morreu em Auschwitz e seu pai no fronte de guerra. Ele viveu só, angustiado e saudoso, buscando alguma memória do pouco convívio que teve com a família. A contingência imposta pela História diante do fracasso humano em conviver com o outro – o diferente, o estranho, o judeu – fez o autor brincar com um suposto controle matemático na literatura. Se este mundo profano extinguiu o pai e a mãe de milhões de crianças – tantas vezes arrancadas de seus braços e queimadas em fornos concebidos pela racionalidade humana –, então o órfão-escritor teria de conceber um mundo que não repetisse essa barbárie.

O jovem traumatizado passa a tentar controlar o incontrolável. Sua perda, sua dor e sua saudade exacerbam esse esforço descomunal por compreensão. Perec cria um mundo particular e obsessivo para não lidar diretamente com o trauma – com a imagem sempre presente da ausência de seus pais – e usa a matemática e os jogos buscando colocar a literatura em um lugar sem conexão com a dor. Toda sua energia é empenhada nos engendramentos fascinantes de seus livros. Seus jogos, regras e enigmas – áridos e frios – anseiam por um isolamento afetivo.

Assim, buscando as inacessíveis certezas matemáticas, Perec escreve *La disparition*, um livro com trezentas e tantas páginas em que nunca aparece a letra 'e' – uma regra conhecida como lipograma –, a mais frequente da língua francesa. Loucura? Insanidade? Projeto impossível? Talvez, mas Perec conseguiu realizar.

Ele dizia que, ao se ver privado pelos nazistas do convívio com as pessoas mais importantes do mundo (*père* e *mère*), teria também que ser capaz de escrever um livro sem a letra mais importante do alfabeto. Pais e letras sempre presentes, embora faltantes. A dolorosa e árdua leitura deste livro nos causa, talvez, uma identificação projetiva (expandindo o conceito de identificação de Melanie Klein [1946]) – processo pelo qual essa dor pertinente ao eu-narrador é projetado no outro, o leitor, criando uma relação de cumplicidade e conjunção, como se um fizesse parte do sofrimento do outro.

Em outros livros, Perec maneja os aspectos matemáticos-traumáticos da ficção. Perec escreve o *Palindrome*, um livreto com cinco mil palavras que foi parar no *Guinness Book*. Esse pequeno livro-mistério-enigma pode ser lido de trás para frente e permanecer o mesmo. (Como é o caso da palavra 'Ana', mas, aqui, o livro inteiro). Fantástico? Tentativa absurda de controlar o incontrolável ou apenas a forma que Perec encontrou para confrontar seus traumas de infância?

Já em seu mais famoso livro, *A vida modo de usar*, um preâmbulo alerta o leitor que uma obra literária pode ser apenas um grande quebra-cabeças. "Podemos deduzir algo que é, sem dúvida, a verdade última do *puzzle*: apesar das aparências, não é um jogo solitário – todo gesto que faz o armador de *puzzle*, o construtor já o fez antes dele; toda peça que toma e retoma, examina, acaricia, toda combinação que tenta e volta a tentar, toda hesitação, toda intuição, toda esperança, todo esmorecimento foram decididos, calculados, estudados pelo outro". Perec-criador nos pergunta: seria possível imaginar todas as possibilidades de leitura e de intepretações? Seria possível controlar a recepção da obra? Das palavras? Seria plausível controlar o sofrimento da vida?

E seu controle vai mais além. Em cada um dos noventa e nove capítulos desse livro, Perec se obriga a usar quarenta e duas regras distintas e lógicas. Aparecem inúmeras citações, referências a países diversos, personagens sentados, em pé, de lado, segurando algo, etc. Milhares de restrições impostas antes mesmo de se começar a escrever o livro. Centenas de tabelas confeccionadas para compor esse hercúleo trabalho.

A vida modo de usar trata de histórias inter-relacionadas de habitantes de um mesmo prédio situado à 11 Rue Simon-Crubellier. O enredo gira em torno de três personagens principais, o excêntrico e rico Percy Bartlebooth, o artista Gaspard Winckler e o pintor Serge Valène:

> Durante dez anos, de 1925 a 1935, Bartlebooth se iniciaria na arte da aquarela. Durante vinte anos, de 1935 a 1955, percorreria o mundo, pintando, à razão de uma aquarela a cada quinze dias, quinhentas marinhas do mesmo tamanho, as quais representariam portos marítimos. Ao terminar cada uma dessas marinhas, ela seria enviada a um artista especializado (Gaspard Winckler), que a colaria sobre finíssima placa de madeira e a recortaria num *puzzle* de setecentas e cinquenta peças. Durante vinte anos, de 1955 a 1975, Bartlebooth, de volta à França, reconstituiria, na mesma ordem, os *puzzles* assim preparados, à razão, novamente, de um a cada quinze dias. À medida que os *puzzles* fossem reorganizados, as marinhas seriam 'retexturadas', de modo que se pudesse descolá-las de seus suportes, transportá-las para os próprios locais onde – vinte anos antes – haviam sido pintadas e ali mergulhá-las numa solução detergente da qual saísse apenas uma folha de papel Whatman, intacta e virgem. (Perec, 1989 p. 594)

O projeto do livro é rigoroso e bem estruturado, assim como um jogo. A construção lógica e definida a partir de regras nos remete ao teor axiomático da matemática. Entretanto, o objetivo proposto não é concretizado:

> É o dia 23 de junho de 1975, e vão dar oito horas da noite. Sentado diante do *puzzle*, Bartlebooth acaba

> de morrer. Sobre a toalha da mesa, nalgum lugar do céu crepuscular do quadringentésimo trigésimo nono *puzzle*, o vazio negro da única peça ainda não encaixada desenha a silhueta quase perfeita de um X. Mas a peça que o morto segura entre os dedos, já de há muito prevista em sua própria ironia, tem a forma de um W. (Perec, 1989, p. 578)

Para dar apenas um pequeno exemplo dessas regras e tabelas[1]: temos duas listas: 1, 2, 3, 4, 5, 6, 7, 8, 9, 0 e A, B, C, D, E, F, G, H, J, K. Em cada coluna e em cada linha, observa-se somente uma letra e um número, que indicam que determinadas *contraintes* serão utilizadas em cada apartamento do prédio situado em *11 Rue Simon-Crubellier:*

QUADRO 1 Cahier des charges de *A vida modo de usar*

1A	7H	6J	5K	0B	9D	8F	2C	3E	4G
8G	2B	1H	7J	6K	0C	9E	3D	4F	5A
9F	8A	3C	2H	1J	7K	0D	4E	5G	6B
0E	9G	8B	4D	3H	2J	1K	5F	6A	7C
2K	0F	9A	8C	5E	4H	3J	6G	7B	1D
4J	3K	0G	9B	8D	6F	5H	7A	1C	2E
6H	5J	4K	0A	9C	8E	7G	1B	2D	3F
3B	4C	5D	6E	7F	1G	2A	8H	9J	0K
5C	6D	7E	1F	2G	3A	4B	9K	0H	8J
7D	1E	2F	3G	4A	5B	6C	0J	8K	9H

Trocamos a lista de letras (A, B, C, D, E, F, G, H, J, K) por outra lista de números e, em cada casa, atribuímos um valor de acordo com um *tabuleiro de xadrez*[2] 10 x 10. Perec se pergunta também se essa composição é bastante *desordenada*, uma vez que seu objetivo é variar ao máximo as regras para que os capítulos não sejam de forma alguma parecidos: "É necessário perceber como Perec fez aparecer esta estrutura, mas também se perguntar se há outros *bicarrés*: colocamo-nos em dúvida imaginando rotações, simetrias, mas será que é bastante, e bastante desordenado?" (Perec, 1993).

QUADRO 2 Tabuleiro de xadrez 10 x 10

1591	7838	6159	5100	0572	9484	878	2523	3455	4547
8977	2112	1588	7829	6160	093	9465	3554	468	5511
9846	8601	3963	2148	1479	7560	0494	485	5537	6442
0125	9987	8812	4864	3958	2179	1280	5436	6501	753
2610	0856	9131	8183	5275	4798	3949	647	7412	1304
4990	3700	0267	9802	8874	616	5428	7291	1933	235
6258	5629	4880	0691	9193	8365	7787	122	2314	3406
3712	4653	5204	6235	7896	1687	2341	8378	9779	0920
5633	6244	7665	1736	2357	3221	4902	9750	0398	8329
74	1725	2646	3217	4671	5742	6383	0339	8910	9768

Cada casa do novo tabuleiro de xadrez representa um apartamento. Como temos 99 capítulos, consideramos a aparição do capítulo faltante como um *bicarré* *1ab* (Posição – Atividade), no canto esquerdo abaixo. O quadro foi composto de acordo com cada capítulo do livro. O primeiro número representa a Posição, o número do meio representa o capítulo em questão e o terceiro número representa a Atividade. Temos também outros pares: *1cd* (Citação 1, Citação 2), *2ab* (Número, Função), *2cd* (Terceiro Setor, Recurso), *3ab* (Muros, Solos) etc.

Tomamos, por exemplo, o apartamento situado no canto superior direito (estaremos no capítulo 54). Neste capítulo aparecem os números 4 e 7, que representam respectivamente as *contraintes* Posição (sentado) e a Atividade (reparação), de acordo com o QUADRO 3 abaixo:

QUADRO 3 *Contraintes* Posição e Atividade de *A vida modo de usar*

1 a Posição	**1 b Atividade**
1. Ajoelhado	1. Pintura
2. Agachado ou abaixado	2. Entrevista
3. De bruços	3. Limpeza
4. Sentado	4. Erótico

5. Em pé	5. Classificar, arrumar
6. Subir ou mais alto que o solo	6. Se servir de um mapa
7. Entrar	7. Reparar
8. Sair	8. Ler ou escrever
9. Deitado sobre as costas	9. Ter um pedaço de madeira
0. Um braço no ar	0. Comer

Conforme apresenta o QUADRO 4 a seguir, o livro apresenta 42 tipos de *contraintes*, que aparecerão em duplas:

QUADRO 4 42 *Contraintes*

1a Posição	1b Atividade	1c Citação 1	1d Citação 2
2a Número	2b Papel	2c 3º setor	2d Mola
3a Muros	3b Solo	3c Época	3d Lugar
4a Estilo	4b Móveis	4c Comprimento	4d Diversos
5a Idade e sexo	5b Animais	5c Roupas	5d Tecido (natural)
6a Tecido (matéria)	6b Cores	6c Acessórios	6d Joias
7a Leituras	7b Músicas	7c Tabelas	7d Livros
8a Bebidas	8b Alimento	8c Pequenos móveis	8d Jogos
9a Sentimentos	9b Pinturas	9c Superfícies	9d Volumes
0a Flores	0b Bibelô	0c Falta em	0d Falso
Ca 1º de uma dupla	Cb 2º de uma dupla		

"Se tomarmos novamente o capítulo 54, teremos sempre a dupla (4,7), que nos leva à seguinte lista: (sentado, reparar); (Kafka, Stendhal); (4, cliente); (fazer parte, criar); (cortiça, tapete de lã); (século 17, extremo oriente); (império, *Guéridon*); (3, clero); (mulher velha, abelha); (saia ou calça, a confeccionar); (flanela ou feltro, cinza); (luvas, relógio); (carta, *pop* ou *folk*); (*A queda de Ícaro*, *Cem anos de Solidão*); (cerveja ou cidra, queijos); (esculturas móveis, palavras cruzadas); (tédio, cartas e planos); (hexágono, poliedro); (plantas verdes, cristal); (4,7); (Philémon, Brouillard)" (Perec, 1993).[3]

Apesar de lógico, para se ler Perec não é necessário conhecer nada de matemática ou das regras utilizadas. Porém, se o leitor for capaz de desvendar os mistérios, de saber das 'leis' que regem cada capítulo, cada linha, cada pensamento de cada personagem – quase como um deus –, o livro acaba se tornando ainda mais mágico e encantado. Uma vereda fabulosa e empolgante se abre. O leitor-detetive se depara com o poder inventivo da mente do criador. A cada leitura, a cada resenha, a cada comentário, alguém descobre (ou inventa) algo diferente. E, além das leituras de cada um (que são infinitas), as possibilidades lógicas que Perec apresenta abrem sempre caminhos.

Em meu primeiro livro, *Literatura e Matemática: Jorge Luis Borges, Georges Perec e o OULIPO*, exploro os argumentos e as ferramentas matemáticas que Perec utilizou ao longo da sua obra. O *Literatura e Matemática* é fruto de uma pesquisa exaustiva sobre o uso de estruturas e conceitos matemáticos na ficção. No entanto, à época me fugiu a capacidade de enxergar que esse artifício obsessivo em Perec escondia um trauma maior. A matemática funcionou como uma fuga, uma tentativa insistente de elaboração, perlaboração, sublimação. Um experimento que, ainda que tenha salvado Perec por meio da escrita – e nos presenteado com seus belos trabalhos e enigmas – o condenou à morte prematura aos 46 anos vítima de um câncer pulmonar. As palavras e a matemática não foram suficientes. O trauma o sufocou.

Neste livro, pretendo mostrar o lado inventivo e perturbado da criança traumatizada. Do escritor, sempre menino, que se despede dolorosamente dos pais – perdendo suas memórias, seus carinhos, seus odores e até a sua língua –, e largado em um mundo incognoscível e brutal. Porém, mesmo destituído de si, da palavra, do sentimento e da compreensão, é capaz de conceber um projeto literário ousado e brilhante.

Os jogos de criança

com CAROLINA FEDATTO e HUMBERTO MOACIR DE OLIVEIRA[4]

Uma vez mais, fui como uma criança
que brinca de esconde-esconde
e não sabe o que mais teme ou deseja:
permanecer escondida, ser descoberta.

(Perec, 1995, p. 14)

Brincadeiras de esconder

Escrever um pequeno texto excluindo uma determinada letra, homenagear alguém utilizando seu nome para iniciar cada um dos parágrafos de um documento qualquer, descobrir palavras e frases que podem ser lidas da direita para esquerda e da esquerda para direita, encontrar relações interessantes entre os números primos, pares, ímpares são brincadeiras recorrentes em Perec que comprovam, no campo da literatura, a atração do homem pelos jogos de esconder e achar.

Além desses jogos com a linguagem, encontramos, na infância e fora dela, diversas outras brincadeiras que reproduzem as ações de esconder e achar. Na análise de uma dessas brincadeiras, Freud (1996 [1920]) observou que a criança emitia sons que aludiam a uma oposição significante. Na ocasião em que brincava com seu neto, nos conta Freud, a criança emitia vocábulos que lembravam as palavras alemãs *fort* e *da* à medida que lançava seu carretel para longe de sua vista (*fort*: lá) e o puxava de volta (*da*: aqui). Essa mesma observação parece ser válida também para outro jogo de esconder, muito comum na vida infantil. Trata-se do jogo de esconder e revelar o rosto, realizado normalmente entre um adulto e uma criança de tenra idade. Também nessas ocasiões, encontramos, na maioria das vezes, o uso, por parte do adulto e depois pela criança, de verbos como *sumiu* e *achou* ou algo semelhante.

Note-se que o jogo do neto de Freud só se efetiva por meio da emissão de sons pelo bebê, sons que são interpretados pelo adulto como sendo advérbios dotados de um sentido locativo, isto é, elementos que remetem à enunciação e participam da atualização de um enunciado em relação à instância do discurso e dos objetos do mundo que referem. Em sua clássica análise sobre os pronomes e os dêiticos, Benveniste mostra que há uma distinção essencial em qualquer língua entre o *eu* e o *não-eu* que fundamenta o duplo funcionamento subjetivo e referencial do discurso. Operada por índices especiais constantes nas línguas, os chamados dêiticos ou *embrayers* realizam uma dupla oposição: de um lado, entre a estrutura de alocução pessoal exclusivamente inter-humana: eu-tu (que constitui, por sua vez, uma série de indicadores ligados à enunciação, como: este-esse, aqui-ali, etc.) e, de outro, opondo as pessoas à não-pessoa: eu-tu / ele e referindo-se não mais à presente instância de discurso, mas aos objetos "reais", aos tempos e lugares históricos: este-esse / aquele, aqui-ali / lá. Essa oposição entre eu (aqui, agora) e não-eu (lá, então) efetua a operação da referência, sustentando a possibilidade de falar *sobre* alguma coisa, *sobre* o mundo, *sobre* o que não é a alocução, sobre o *não-eu*. Dessa forma, o falante é incluído em seu discurso, o *eu* se coloca socialmente enquanto participante, desdobrando uma rede complexa de relações espaço-temporais que determinam os modos de enunciação (Benveniste, 1968, p. 101). Outro ponto interessante a ser discutido a partir da enunciação do *fort-da* na brincadeira infantil é sua implicação na aquisição da linguagem pela criança. A passagem do *infans*, aquele que não fala, a sujeito falante se dá porque o adulto atribui sentido à fala da criança, chamando-a ao simbólico. É preciso considerar ainda que a língua antecede o *infans* na cultura e, por isso, determina o percurso da aquisição da linguagem. Não se trata de uma simples aprendizagem, mas de uma *captura* pela língua que:

> Considerada sua anterioridade lógica relativamente ao sujeito, o precede e, considerada em seu funcionamento simbólico, poder-se-ia inverter a relação sujeito-objeto, conceber a criança como capturada por um funcionamento linguístico-discursivo que não só a significa como lhe permite significar outra coisa, para além do que a significou. (Lemos, 2002, p. 55)

Embora o diálogo entre o adulto e o bebê seja radicalmente assimétrico, a começar pelo fato de que inicialmente só o adulto fala e, sobretudo, *fala pela criança*, ele é fundamental, pois transmite ao *infans* uma "vocação humana". Essa expressão do psicanalista Didier-Weil (*apud* Castro, 2005) sintetiza a equivocidade da voz que, "ao passar a fala, passa também à criança a sua música, transmitindo-lhe uma vocação ambígua: 'está ouvindo a continuidade musical de minhas vogais e a descontinuidade significante das minhas consoantes?'". Esse processo de entrada no simbólico, mesmo que o objetivo de falar encontre exceções, é uma imposição: para *ser humano* não há como ser diferente. Tanto que Benveniste (1968, p. 99) afirmou em um artigo sobre as relações entre língua e sociedade que "nada pode ser compreendido – é preciso se convencer disto – que não tenha sido reduzido à língua". Nada. Nem mesmo o sujeito. E ser reduzido à língua tem a dupla função de entrada na história e no simbólico.

Dito isso, como podemos relacionar e estudar as brincadeiras infantis com os jogos de linguagem, restrições matemáticas e aspectos da biografia traumática de Perec? Excluir palavras, letras e números criando textos e estruturas complexas seria um jogo que Perec nunca poderia jogar com seus próprios pais?

Os jogos e as restrições matemáticas, linguísticas e literárias em Perec, quanto os jogos de esconder em geral, muito se assemelham, mas há, certamente, especificidades. Perec trabalha com adultos e discute constantemente as inúmeras relações presentes no leitor/autor, na literatura/recepção, no trauma/entendimento e no testemunho/invenção. Em um desses jogos de esconder, por exemplo, diferente da brincadeira observada por Freud, quem exerce o papel ativo de esconder é o adulto que brinca com a criança e que também enuncia verbos como *sumiu* e *achou*, tão comuns nas brincadeiras em língua portuguesa, e apresentam o mesmo paralelismo da oposição descrita por Freud entre o *fort* e o *da*. Interessante é analisarmos o que está em jogo nessas escolhas lexicais. O antônimo clássico de *sumir* é *aparecer*, não *achar*, que seria oposto a *perder*. *Sumir* (*desaparecer*) e *aparecer*, de um lado. *Esconder* (*perder*) e *achar*, de outro. O primeiro par de contrários se afina na medida em que se trata de verbos que selecionam sujeitos que serão o tema da ação verbal. Já o segundo conjunto se caracteriza justamente por selecionar sujeitos causadores do evento. Mas a dualidade que se enuncia na vocalização do adulto nas brincadeiras com a criança é muitas vezes assimétrica em relação à agentividade, os pares encontrados com maior frequência são *sumir* e *achar* ou *esconder* e *aparecer*. De qual sintoma essa dissimetria seria o rastro?

As brincadeiras infantis que envolvem o esconder e o achar são repletas de significado e demandam, por isso, interpretações consequentes com os diversos aspectos que as constituem: o psíquico, o linguístico e o poético. A pergunta que se coloca diante desse entrelaçamento é: como brincadeiras infantis e jogos literários se relacionam na obra de Georges Perec e como podem ser estudadas e interpretadas pela teoria psicanalítica do brincar e pelos estudos linguísticos de caráter histórico-enunciativo? Do ponto de vista da linguística, da psicanálise e da literatura perguntamos: o que desejaria esconder e revelar Georges Perec? Seria o seu próprio trauma e a sua forma particular de testemunho?

Jogos e restrições

A primeira restrição que o homem encontra em sua relação com o mundo é a obrigação de empregar as formas da língua, ou seja, unidades de sentido numerosas, mas sempre em quantidade finita, por meio de um conjunto de regras que lhe são inatingíveis e que fixam as condições sintáticas nas quais essas formas podem e devem aparecer, permitindo um número incalculável de enunciações e sentidos (Benveniste, 1968, p. 99). A entrada no simbólico não é, repetimos, uma escolha, assim como a permanência nele não deixa de ser uma imposição e, ao mesmo tempo, uma abertura e um jogo.

Falando dos jogos infantis, encontramos um grande número de brincadeiras que, como as citadas acima, incluem o ato de esconder e aparecer. Desde as brincadeiras, aparentemente mais remotas, de esconder o rosto, até a típica brincadeira do *esconde-esconde* quando as crianças ou adolescentes em grupos brincam de encontrar umas às outras. Permeando esses dois tipos de brincadeiras, temos ainda o célebre jogo do *fort da* analisado por Freud, quando a própria criança exerce tanto o papel de fazer perder o objeto quanto o papel de fazê-lo aparecer.

Fato curioso nessas brincadeiras é a separação que podemos propor entre aquelas em que a criança anseia pelo encontro do objeto escondido ou desaparecido e aquelas em que a criança anseia por não ser encontrada ou por ludibriar o outro o maior tempo possível. A maioria delas se enquadra na categoria dos jogos em que a criança anseia por encontrar o objeto ou, no caso de ser ela mesma o objeto escondido, em ser encontrada por um adulto. Mesmo nos jogos em que a criança age ativamente se escondendo ou escondendo o objeto, o desejo de ser descoberto ou de encontrar o objeto, como no caso do carretel, parece estar mais evidente do que o desejo de enganar ou de permanecer escondida, haja vista as crianças não se incomodarem muito em os adultos notarem onde e como elas estão se escondendo. Somente mais tarde, quando já maduras, é que as crianças parecem realmente se importar em permanecer escondidas por um maior intervalo de tempo.

Podemos conjecturar que Perec (1995, p. 14) se coloca na mesma posição da criança que brinca de se esconder quando escreve: "Uma vez mais, fui como uma criança que brinca de *esconde-esconde* e não sabe o que mais teme ou deseja: permanecer escondida, ser descoberta". É muito interessante essa observação do escritor, pois, se é a própria criança quem se esconde, poderíamos supor que seu maior desejo fosse não ser encontrada ou ao menos ludibriar o outro durante o máximo de tempo possível. Em alguns casos, pode até ser que esse desejo de ludibriar se confirme, mas o escritor indica que o anseio de não ser encontrado divide espaço com outro desejo, o de ser descoberto, ou com um temor, o de não ser descoberto e sumir. Em outras palavras, poderíamos dizer que na maioria dos jogos, a criança, mesmo que ativamente escondida, apresenta um claro desejo de ser descoberta que só pode ser fruto, como indicam Perec e as relações linguísticas entre os verbos em questão, de um temor, o temor de não ser jamais encontrada, de perder o controle sobre o ato de esconder e se tornar o sujeito não agentivo de um verbo inacusativo[5] (a criança sumiu, desapareceu, foi embora). Nesse sentido, a enunciação de pares verbais semanticamente contrários e cruzados em relação à agentividade, como *sumiu-achou*, *esconder-aparecer*, funciona como um conforto ou uma promessa de que no final tudo dará certo: *o objeto sumiu, mas você o achou* ou *você se escondeu/escondeu o objeto, mas ele apareceu novamente*. A dissimetria dos pares verbais é justamente o signo de que há propriedades estruturalmente comuns, dizem os linguistas, entre o objeto de um verbo transitivo e o sujeito dos verbos inacusativos. Nesse caso, podemos dizer que a presença ou a ausência da agentividade na ação verbal é um indício da tensa subjetivação da criança ao imperativo da falta e ao desejo de controle.

Assim, inicialmente, Perec esconde seus jogos e restrições matemáticas. Seus leitores e amigos vão descobrindo e revelando lentamente essas regras secretas, apesar de nunca de fato descobrirem todas, como escreveu seu amigo Italo Calvino (2003, p. 136): "embora tenha frequentado Perec durante os nove anos que dedicou à elaboração do romance, só conheço algumas de suas regras secretas". Seus segredos correriam, pois, o risco de desaparecer ou de permanecer sempre escondidos? Aqui, portanto, estamos tentando revelar seus segredos escondidos nessas muitas e inventivas *restrições* criadas pelo autor.

Um pouco mais de psicanálise em Perec

Freud se ocupa da função do brincar em vários momentos de sua obra, tecendo comentários e analogias diversas. Comparando a brincadeira à atividade artística, Freud (1996 [1908], p. 135) em "Escritores criativos e devaneios", texto de 1908, afirma que:

> O escritor criativo faz o mesmo que a criança que brinca. Cria um mundo de fantasia que ele leva muito a sério, isto é, no qual investe uma grande quantidade de emoção, enquanto mantém uma separação nítida entre o mesmo e a realidade.

Ao escrever sobre o escritor criativo, Freud poderia muito bem estar fazendo uma referência direta ao escritor francês e à sua capacidade de escrever partindo de regras, jogos e restrições formalmente construídas. Assim, Perec trabalha exaustivamente (e criativamente) com suas fantasias literárias: palíndromos,[6] lipogramas,[7] xadrez, go,[8] lógica, anagramas.[9] Investindo grande quantidade de emoção e trabalho duro, escreve um livro inteiro sem o uso da letra *e: La disparition.* Cria, possivelmente, o maior palíndromo conhecido na época, composto por cinco mil palavras, *Palindrome* (Perec, 1973b, p. 97-102). Escreve um conto chamado *What a Man!* (Perec, 1996), no qual discute a história de dois personagens, Andras MacAdam e Armand d'Artagnan, no qual somente a vogal *a* é permitida.

Em muitos momentos, Perec escreve que a literatura (assim como a arte do *puzzle*) é um jogo que se joga a dois, por exemplo, criança-criança, criança-adulto, leitor-autor, na qual cada forma de leitura foi pensada anteriormente pelo autor, ao menos em seu imaginário, fazendo-o crer, assim, que controla todas as suas possibilidades. Porém, ele próprio discorda e refuta, o tempo todo, esse jogo entre autor e leitor. Por mais matemático e estruturado que o projeto literário seja, trata-se ainda, e sobretudo, de linguagem, e quando a obra alcança o público, leitura e recepção não estão mais nas mãos do construtor de *puzzles*. Na verdade, nunca estiveram, a não ser na imagem que o autor faz de si mesmo como origem de seu dizer e arquiteto do texto. A interpretação dos sentidos do texto literário não escapa somente ao leitor; mesmo o escritor, por seu próprio inconsciente e pela falha que estrutura a linguagem, não tem tanto controle assim sobre os efeitos das formas linguísticas que coloca em funcionamento.

De forma lúdica, Perec (2003a) trabalha problemas importantes dentro da literatura, como o projeto de totalidade e de esgotamento. Tentando descrever tudo o que se passa em uma praça em Paris, compõe o livro *Tentative d'épuisement d'un lieu parisien*; com o intuito de pensar em todas as possibilidades de se pedir um aumento ao chefe, escreve *A arte e a maneira de abordar seu chefe para pedir um aumento* (Perec, 2010). Entretanto, Perec está ciente da limitação, e por meio dessa tentativa absurda da totalidade e do esgotamento, critica qualquer projeto que tente abarcar o todo.

Essa crítica pode ser estendida ao conceito de leitor ideal: por mais versado e idealizado que o leitor perecquiano seja, a totalidade e o esgotamento de seus mecanismos ficcionais são inatingíveis. E justamente por se colocar a si mesmo e a seus leitores diante de tantas restrições é que Perec se separa da realidade ou se aproxima do real através da escrita. Pois, importando-se mais com a operação lógica de sua escrita do que com suas representações simbólicas, Perec faz com que os significantes de seu texto funcionem como o que na obra lacaniana conhecemos por letra. A letra, para Lacan (2003 [1971]), é o que o significante tem de marca, é rasura que nada representa. Diferentemente do significante, que representa, que faz cadeia e que ajuda a tecer o simbólico, a letra se detém. Ela delineia um litoral entre o simbólico e o real, desenhando a borda do furo no saber. É litoral que vira literal. Litoral este que se situa entre centro e ausência, entre saber e gozo. A letra, portanto, se encontra fora do jogo representativo, não representa; pelo contrário, se detém em sua própria materialidade. Não forma cadeia, marca. Não engendra um sentido, faz furo. O texto de Perec parece situar-se nesse litoral entre o simbólico da representação e a possibilidade do real da lógica matemática.

Insistindo no paralelo entre os jogos infantis e a arte, Freud (1996 [1942]) afirma ainda que para a plateia de um teatro, participar do jogo dramático funciona como o equivalente de uma brincadeira infantil. Ou seja, não só o artista, mas também o público, faz do jogo artístico um substituto do brincar infantil e usa essas atividades para satisfazerem seus desejos dentro de limites considerados culturalmente normais. Assim como no teatro, na literatura autor e leitor assumem semelhante papel.

Essa relação é muito próxima à posição do leitor, principalmente na obra de Perec. De acordo com Jacques Derrida (1991, p. 7), "um texto só é um texto se ele oculta ao primeiro olhar, ao primeiro encontro, a lei de sua composição e a regra de seu jogo. Um texto permanece, aliás, sempre imperceptível. A lei e a regra não se abrigam no inacessível de um segredo, simplesmente elas nunca se entregam, no *presente*, a nada que se possa nomear rigorosamente na percepção". Dessa forma, os textos construídos pelas restrições não se entregam ao primeiro olhar, suas regras e sua composição escondem e ludibriam o leitor.

Inicialmente, os jogos de esconde-esconde de Perec não são revelados. É apenas após a publicação póstuma de seu *Cahier de charges* (1993) e de diversas entrevistas que suas invenções e restrições começam a ser reveladas. Sua obra pode ser considerada uma forma contemporânea de enigma (esconde-esconde) diante do qual a posição do leitor se torna ainda mais repleta de potencialidade. Novamente, podemos recorrer à obra lacaniana e perceber como o arranjo textual de Perec se aproxima do real e, com isso, fortalece sua potencialidade. Lacan nos indica que a estrutura do enigma é expressa em termos próximos aos da estrutura da verdade. Se a verdade não pode ser dita por inteiro, mas sempre ao nível de um semi-dizer, o enigma se apresenta, também, nessa mesma dimensão. Mas, se o enigma é um semi-dizer, o que é que ele diz e o que é que ele deixa por dizer?

No livro XVII do *Seminário* de Lacan (1969/1970) vemos que o enigma encontra sua expressão, sua semiverdade, ao lado da enunciação que deverá ser convertida em enunciado. No exemplo clássico de enigma que encontramos na tragédia de Édipo, a enunciação se expressa através do animal com quatro patas matinais, duas patas vespertinas e três patas noturnas. A conversão dessa enunciação em enunciado é o trabalho do qual Édipo se encarrega. Que a enunciação seja convertida em "animal homem" ou no próprio Édipo[10] não é o que mais importa. Afinal, a verdade não pode mesmo ser dita por inteiro, o que confere ao enigma uma impossibilidade de respostas ou, o que seria quase equivalente, uma infinidade de respostas. Esse parece ser o destino do texto de Perec, suscitar infinitas respostas para improváveis perguntas.

Se a escrita torna-se um enigma, a leitura é participação na criação, é um diálogo com o texto e o autor, concepção na qual se inserem os leitores perecquianos. A obra de Perec, assim como um jogo de esconde-esconde, é uma inovação uma vez que é necessária a intervenção concreta do leitor para que o jogo aconteça. Ao mesmo tempo, sabemos que esse leitor necessário e ativo não irá alcançar, de fato, toda a potencialidade da obra, devido ao grande número de combinações que possibilita.

Perec nos apresenta e discute sempre o jogo leitor-autor existente em toda obra, ao mesmo tempo em que revela a impossibilidade de uma programação exata da recepção de qualquer obra literária, mesmo que ela parta de procedimentos matemáticos. De acordo com Compagnon (2006, p. 152):

> Baseado no leitor implícito, o ato da leitura consiste em concretizar a visão esquemática do texto, isto é, em linguagem comum, a imaginar os personagens e os acontecimentos, a preencher as lacunas de narrações e descrições, a construir uma coerência a partir de elementos dispersos e incompletos. A leitura se apresenta como uma resolução de enigmas (conforme aquilo que Barthes chamava de 'código hermenêutico', ou de modelo cinegético, citado a propósito da mimèsis). Utilizando a memória, a leitura procede a um arquivamento de índices. A todo momento, espera-se que ela leve em consideração todas as informações fornecidas pelo texto até então. Essa tarefa é programada pelo texto, mas o texto a frustra também, necessariamente, pois uma intriga contém sempre falhas irredutíveis, alternativas sem escolha, e não poderia haver realismo integral. Em todo texto,

> existem obstáculos contra os quais a concretização se choca obrigatória e definitivamente.

Para Perec, a leitura é também a resolução de enigmas, em cuja descoberta os conhecimentos matemáticos podem ajudar. O erro e a falha existem e são, também, incorporados nessa literatura, aumentando ainda mais sua potencialidade. Em obras como *A vida modo de usar*, além de caçador e detetive, o leitor é ainda viajante, uma vez que sua leitura, "como expectativa e modificação da expectativa, pelos encontros imprevistos ao longo do caminho, parece-se com uma viagem através do texto" (Compagnon, 2006, p. 152). Esses encontros imprevistos, no livro, são possíveis graças às restrições matemáticas e, também, às falhas delas resultantes. Nesse jogo, por mais que o uso de regras seja determinante, o leitor é livre, podendo aceitar buscar, identificar e reconhecer esses artifícios ficcionais ou deixá-los passar e encontrar outros sentidos para a obra.

Em Freud, o que parece ser compartilhado tanto para a arte quanto para o brincar é, de fato, a fantasia. Em 1911, Freud escreve "Formulações sobre os dois princípios de funcionamento mental", no qual destaca um dos elementos base de sua teoria, o princípio de prazer. O princípio de prazer, fundamento tanto para o brincar quanto para a atividade artística, é o mecanismo mental que leva o ser humano, desde os períodos mais primórdios de sua existência, a buscar o prazer independentemente da realidade. Porém, visto que um ser vivo que se encontrasse imerso apenas nessa situação de busca intensa de prazer e desprezo da realidade jamais poderia manter-se vivo por muito tempo, o aparelho psíquico teve de tomar outra atitude perante a vida e se guiar não apenas pelo que é sentido pela mente como prazer, mas também como real. É importante frisar que o real ao qual Freud se refere aqui se distingue do real lacaniano que tratamos acima, o real como impossível de ser simbolizado, como o inassimilável pelo significante. Assim, o princípio de prazer incluiria, para se livrar de novos desapontamentos, um outro princípio, o princípio de realidade.

A grande contribuição que essa teoria oferece ao estudo das brincadeiras infantis é justamente no que se refere à fantasia, pois, como observa Freud, nosso aparelho mental apresenta sérias dificuldades em renunciar a um prazer uma vez obtido, e como o princípio de prazer se manifesta com muito mais liberdade quando independe da realidade, o aparelho mental se apega a essa forma de obtenção de prazer e a conserva lado a lado com as outras funções do organismo psíquico. Assim é que uma parte de nossas atividades de pensamento é liberada do teste de realidade e permanece subordinada somente ao princípio de prazer. Nas palavras do próprio Freud (1996 [1911], p. 241): "Esta atividade é o *fantasiar*, que começa já nas brincadeiras infantis, e, posteriormente, conservada como *devaneio*, abandona a dependência de objetos reais".

Temos então uma definição do brincar que se sustenta principalmente no princípio do prazer, conservado na fantasia, e em um dos principais desejos infantis, o de ser um adulto, o que, como já dissemos, muito contribui para a constituição subjetiva. Essa primeira definição de Freud nos ajuda a compreender muito incompletamente uma poesia-matemática-traumática como a de Perec, pois, embora o autor se aproxime da infância em seus jogos enigmáticos, não parece estar essa aproximação sustentada no princípio do prazer, ou apenas nele. Algo além do princípio do prazer parece reivindicar um lugar na obra perecquiana, afinal, como foi dito, seu texto se encontra muitas vezes mais perto do real do trauma do que do simbólico e do imaginário da fantasia. Nessa perspectiva é que as colaborações freudianas à teoria do brincar após 1920 parecem estar em posição mais apropriada para o estudo da obra de Perec.

Além do princípio do prazer e a repetição em Perec

Georges Perec nasceu em 1936, na cidade de Paris, onde viveu a maior parte de sua vida, e morreu em Ivry, 46 anos depois. Seu pai lutou na Segunda Guerra Mundial, sendo morto em 1940, e sua mãe morreu em Auschwitz. Perec, órfão aos cinco/seis anos, foi criado por parentes próximos.

A partir de suas restrições e jogos de esconder, Perec inaugura uma nova forma de enfrentar o trauma. Em *La disparition*, a supressão de uma letra fundamental em sua escrita literária pode ser interpretada como sendo o signo de uma privação fundante, que se manifesta justamente como *a borda no furo de um saber*: o de ter sido impedido de conviver com os pais, fazendo-o transitar, pela letra – ou pela falta dela, entre o simbólico e o real. Também em *W ou A memória da infância*, Perec discute, por meio de uma autobiografia ficcional, a relação de sua vida, como um filho do nazismo, e um mundo imaginado que permitiu democraticamente a existência da *Shoah*. A estrutura apresentada em *La disparition* (e na obra espectral

Les Revenentes) elabora formalmente os problemas colocados pela literatura de testemunho, mas o faz justamente de forma escondida, eclipsando a lacuna na trama ficcional e/ou significante.

Perec trabalha, assim, com quatro grandes categorias que não podem ser separadas: "A primeira dessas interrogações pode ser classificada como 'sociológica': como observar o cotidiano; a segunda é de ordem autobiográfica; a terceira lúdica, retoma meu gosto pelas *contraintes*,[11] as proezas, os jogos e todos os trabalhos do OULIPO; e a quarta concerne ao romanesco, ao gosto pelas histórias e peripécias" (Perec, 1985, p. 10). O esgotamento também faz parte de seu trabalho e de seus objetivos literários. Seria esse trabalho fruto de um *trauma*? Por isso o estudo sob o viés psicanalítico dos jogos. "A história do trauma é a história de um choque violento, mas também de um desencontro com o real. A incapacidade de simbolizar o choque determina a repetição e a constante 'posterioridade', ou seja, a volta *après-coup* da cena" (Seligmann-Silva, 2003, p. 49). Em *La disparition*, Perec dialoga com a impossibilidade de simbolizar o real e problematiza a tradução.[12]

O problema acerca da tradução, construído em Perec por meio do seu lipograma, poderia ser comparável ao texto "A tarefa do tradutor" de Benjamim? Como acreditar nos testemunhos e nas notícias que começam a circular sobre os campos de extermínio em 1942? Como conceber um livro sem a letra *e*? Como traduzir/transcriar um livro sem a letra mais frequente do alfabeto francês? O 'real' inacessível, imponderável, mas sempre buscado, se manifesta na negação; "daí a resistência à transposição (tradução) do inimaginável para o registro das palavras" (Seligmann-Silva, 2003, p. 50). O lipograma (*contrainte* explícita) é pensado anteriormente ao desenvolvimento do texto como "o indizível não está escondido na escrita, é aquilo que muito antes a desencadeou" (Perec, 1995, p. 54). O desejo de crescer e a busca do prazer se manifestam em Perec. Assim, *La disparition* é uma nova forma de discutir os conceitos da escrita de testemunho. Utilizar uma *contrainte* para trabalhar com a falta, com a limitação, com a intraduzibilidade e com a impossibilidade de narrar o que de fato aconteceu, o que de fato foi sentido e vivenciado. "A linguagem é antes de mais nada o traço – substituto e nunca perfeito e satisfatório – de uma falta, de uma ausência" (Seligmann-Silva, 2003, p. 48).

A literatura/vida de Perec é obsessiva. Ele não quer e não pode esquecer. Ele deve testemunhar sua vida, sua infância e sua criação para se *demeurer*.[13] O testemunho, a lembrança, a literatura, a invenção e a escrita são a busca do seu eu, do seu *je*. "Era necessário dizer eu. Era preciso dizer eu. Mas, qual 'eu'?"[14] (Perec *apud* Lejeune, 1991, p. 11).

Eu sou eu é uma fórmula tautológica em que me represento igual a mim mesmo para o *teatro da consciência* (Pêcheux, 1997, p. 154). Benveniste (1970, p. 85) nos diz que, em termos linguísticos, *eu* é quem enuncia o presente que me contém, é EGO quem diz EGO e é em torno do *ego* que se determinam as relações com o outro (eu-tu), com o referente (eu-tu/ele) e com a temporalidade. Esse ato individual de utilização que coloca a língua em funcionamento é, justamente, a definição benvenistiana da *enunciação* (Benveniste, 1970, p. 82). Daí procede a instauração da categoria do presente e dela nasce a categoria do tempo. O presente é essa presença no mundo que só a enunciação torna possível, porque "o homem não dispõe de nenhum outro meio de viver o 'agora' e de torná-lo atual senão realizando-o pela inserção do discurso no mundo" (Benveniste, 1970, p. 85), ou seja, empregando a língua, enunciando. Esse presente coextensivo à presença do *eu* se delimita "entre o que vai se tornar presente e o que já não o é mais" (p. 86).

Lembrar é afirmar o que se cala e o que não quer falar. "Eu não quero esquecer. Talvez esse seja o núcleo de *W ou A memória da infância*: guardar intacto, repetir a cada ano as mesmas lembranças, evocar as mesmas imagens, os mesmos minúsculos eventos, agrupar tudo numa memória soberana, desmesurada" (Perec *apud* Lejeune, 1991, p. 179). Assim como "qualquer fato histórico mais intenso permite – e exige! – o registro testemunhal tanto no sentido jurídico como também no sentido de 'sobrevivente'" (Seligmann-Silva, 2003, p. 9), Perec o faz de forma ficcional e estrutural em sua obra e por meio de suas *contraintes*. Já que a *Shoah* tentou apagar a memória da História e os *lager* foram instrumentos da eliminação física e memorial da existência de muitos, Perec, através de enunciações particulares, deixa rastros de seus pais e da *memória das coisas*. O seu testemunho, assim como o dos sobreviventes da *Shoah*, é inexato, incompleto, falseado e fictício.

Em outros textos, como *Penser/Classer* e *Espèces d'espaces*, Perec dá indícios de sua obsessão pela possibilidade de manifestação do real nos mínimos episódios, nos simples fatos do cotidiano. Em *Espèces d'espaces*, Perec questiona os estratos que sustentam a oposição binária entre discursos ficcionais e referenciais, e entre narração e descrição. Assim, mostra muito bem que nem tudo é literatura/ficção. Ao empreender o que parece ser a simples descrição e nomeação dos espaços, Perec coloca em questão as evidências da descrição, da narração, da referência. O objeto da descrição, por vezes, é o próprio espaço do texto, o que força o leitor a uma revisão da própria noção de descrição, uma vez que nesses momentos não há objeto referencial ou extraliterário a ser descrito: o que se descreve é o espaço mesmo onde a descrição está acontecendo. Perec preenche, assim, o espaço "página" de todas as formas possíveis, muitas vezes de modo lúdico, em outras atribuindo à escrita funções simples, porém, inusitadas. Ele escreve para "se percorrer", fazendo-o horizontalmente por meio de citações e escrevendo à margem da folha. O universal, portanto, reside no mais fragmentário, e a obra de Perec é capaz de "relacionar o *seu* passado com o trauma *o que* implica tratar desse passado de um modo mais complexo que o tradicional" (Seligmann-Silva, 2003, p. 76). Seu passado passa a ser sua obra e seu "testemunho não pode ser confundido nem com o gênero autobiográfico nem com a historiografia – ele apresenta uma voz, um 'canto (ou lamento) paralelo', que se junta à disciplina histórica no seu trabalho de colher os traços do passado" (Seligmann-Silva, 2005, p. 79).

Perec discute de forma ficcional conceitos em relação ao testemunho e, por isso, algumas conjecturas podem ser feitas acerca das relações entre as restrições e a *Shoah* na obra de Perec. O escritor discute e trabalha com a estrutura da língua e da linguagem. A estrutura política da época permitiu a ascensão de Hitler e do partido nazista. Perec impôs seus palíndromos e lipogramas imaginando (será?) que se a História (com H maiúsculo, como ele frisa) pudesse ser escrita de trás para frente, teríamos repetido as mesmas catástrofes da História escrita de frente para trás. A História seria palindromática e fechada? A História estaria engessada em alguma estrutura matemática ou cabalística que não permite mudanças e contingências?

Benveniste já demonstrou que a estrutura da língua e a estrutura da sociedade não coincidem. Não há correlação de necessidade entre uma língua histórica e uma sociedade histórica, por exemplo entre a estrutura da língua francesa e a estrutura da sociedade francesa em 1940. Mas num nível fundamental, língua e sociedade são *realidades inconscientes que representam o meio natural e a expressão natural*, o espaço e o dizer idealizados como origem, sem os quais nada poderia existir. As duas são sempre *herdadas* e não se imagina que tenha podido *existir um começo*. E nenhuma delas pode ser *mudada pela vontade dos homens*. O que os homens veem e podem mudar através da história são as *instituições*, mas não o princípio da sociedade que é suporte e condição da vida coletiva e individual. Da mesma maneira, o que muda na língua, o que os homens podem mudar, não é nunca seu sistema fundamental, mas as *designações*, que se multiplicam, se substituem e são, de certa forma, a realização de um desejo (Benveniste, 1970, p. 96). As relações entre língua e sociedade, portanto, não são de natureza estrutural, tipológica ou histórica (genética). A língua e a sociedade se elaboram pelo mesmo processo: "o esforço de produzir meios de subsistência, transformar a natureza e multiplicar os instrumentos" (p. 97).

Parte da obra de Perec pode ser percebida como "o testemunho 'jura dizer a verdade', promete a sua veracidade ficcional. Mas aqui mesmo onde ela não cede ao perjúrio, a atestação não pode não manter uma agitada cumplicidade com a *possibilidade,* ao menos, da ficção" (Derrida, 1998, p. 1). Tudo é ficção. Tudo é autobiográfico. Tudo é estrutural. Tudo é sociológico.

E tudo é, conjecturamos, testemunhal e discutível. O testemunho de Perec *se funda* (*demeure*) de forma lenta e peculiar e, por meio das restrições, dá o seu testemunho do sofrimento que a *Shoah* o fez passar. Por meio das restrições linguísticas e matemáticas é que Perec mostra o caos e a desordem, mas também a tentativa do controle, de relatar a verdade, de testemunhar sua própria vida e suas lembranças escurecidas pelo tempo e pela dor. Assim escreve Magné (1999, p. 84):

> Mas, se tratando de Perec, o palíndromo permite uma leitura de duplo sentido, exibe uma dupla escritura, conflitante, onde a orientação direita esquerda se encontra recoberta, mascarada, dominada pela existência do texto padrão, como na escritura judaica em Perec, rebaixada ao nível de escritura jamais esquecida, mas, pior ainda, jamais sabida: 'Eu não falo a língua que meus pais falavam'. Desta língua ausente, o palíndromo é o traço e a memória. Não surpreende a sua onipresença na obra perecquiana.

O que resta e o que aparece em Perec é a impossibilidade e a sua tentativa de controlar, classificar e simbolizar os limites, como acontece com "os poetas – as testemunhas – que fundam a língua como o que resta, o que sobrevive em ato à possibilidade – de falar. (...) Não enunciável, não arquivável é a língua na qual o autor consegue dar testemunho de sua incapacidade de falar" (Heidegger *apud* Gagnebin, 2008, p. 11). Assim como o nazismo estabelece uma 'ordem' tão rígida quanto aleatória, Perec constrói sua literatura da forma mais rígida e mais contingente possível, se escondendo na própria letra e nos jogos. Além disso, Perec descreve por meio da literatura "a veracidade biográfica ou autobiográfica de um testemunho que fala dele próprio e pretende recontar não somente sua vida, mas sua morte, sua quase ressurreição, uma forma de Paixão – aos limites da literatura" (Derrida, 2008, p. 11).

Aqui, a teoria freudiana sobre as brincadeiras infantis pode novamente dar sua contribuição, desde que pensada mais complexamente do que em seus textos iniciais quando a brincadeira se sustenta quase inteiramente no princípio do prazer e em seu desdobramento na fantasia. Em 1920, no texto "Além do princípio de prazer", Freud (1996 [1920]) caminha na direção de algum funcionamento mental que não apenas independa, mas que é mesmo mais fundamental e primordial do que o princípio de prazer com sua variação em princípio de realidade. É nesse texto que podemos encontrar a análise freudiana do jogo do *fort da* já citado acima. Aqui, a fantasia não é tão evidente quanto nas brincadeiras comparadas à arte. Se, em um primeiro passo, a análise de Freud o conduziu a comparar o brincar com a atividade artística, a comparação agora é de ordem muito menos romântica. A comparação que Freud estabelece em 1920 para o brincar não é com o artista nem com o espectador da arte, mas com os chamados neuróticos de guerra, que na classificação atual da medicina se encaixam naquilo que ficou conhecido como Transtorno de Estresse Pós-Traumático.

A ligação das brincadeiras infantis às neuroses de guerra, que muito se relacionam aos aspectos biográficos de Perec, se deve à interpretação freudiana da célebre brincadeira de seu neto. Em um primeiro momento, a criança brincava de jogar os mais variados objetos para longe de sua vista ao mesmo tempo em que emitia um som semelhante ao alemão *fort*. Certo dia a criança encontra um carretel que a permite completar a brincadeira e, assim, não apenas lança o objeto, perdendo-o, como o faz aparecer novamente puxando o barbante, quando emite um som semelhante à palavra alemã *da*. A interpretação de Freud é a de que o menino revivia nesse jogo a saída da mãe, ou seja, a perda do objeto mãe. Considerando que a primeira parte do jogo independia da segunda, ou seja, que houve uma época em que ele apenas fazia propositalmente perder o objeto, Freud supõe que existe nesse jogo algo análogo às neuroses de guerra. Se nas neuroses de guerra o que é repetido é a situação traumática da guerra, os sonhos com explosivos, a alucinose com os barulhos de tiros entre outras lembranças, no jogo da criança o que é repetido é a perda do objeto materno. Pode-se julgar exagerado comparar a ansiedade causada pelo perigo iminente da morte com a perda temporária da mãe. Mas em psicanálise isso se esclarece quando lembramos que, como afirma Freud (1996 [1926]), um dos primeiros sinais de ansiedade apresentados pelas crianças é o colo de um estranho, ou seja, a perda do objeto materno (ou familiar). Perec sempre recupera e perde as suas lembranças de infância.

A conclusão a que essa discussão conduzirá Freud é bem conhecida: a elaboração da compulsão à repetição, e, por meio dela, da Pulsão de Morte. Isso significa que existe uma tendência mais primitiva no aparelho psíquico do que o princípio do prazer e que independe dele. Ou seja, mais do que buscar o prazer, nosso aparelho psíquico busca a repetição, ele busca voltar a um estado anterior de coisas. Freud encontra vários exemplos na natureza que indicam uma tendência universal a esse retorno, desde as migrações dos pássaros e a piracema dos peixes até mesmo o destino de todo ser vivo à morte que nada mais é do que o retorno ao inanimado anterior à vida. A compulsão à repetição, não necessariamente se opõe ao princípio do prazer, pelo contrário, pode muitas vezes servir a ele, uma vez que o prazer é a redução da tensão psíquica e a repetição pode conduzir nossa mente a um estado anterior de menor tensão. Essas conclusões fazem Freud dar outros rumos à sua teoria, mas de maneira alguma abandonar o princípio de prazer e de realidade. Ele apenas reconhece que há algo mais fundamental e que é nesse algo que podemos buscar alguma elucidação tanto para os sonhos dos neuróticos de guerra, que repetem uma situação de desprazer, quanto para a brincadeira da criança que repete a perda do objeto.

Isso se dá porque Freud reconhece nessas repetições dolorosas a tendência do organismo em dominar, vinculando as energias não vinculadas na mente. Em uma linguagem lacaniana, que apresenta certa crítica a essa ideia do domínio, seria adequado dizer que a perda do objeto ou o perigo iminente de morte na guerra aparecem como real demais, algo inassimilável pelo significante. Esse real resiste a ser simbolizado pela criança, por sua rasa imersão no universo simbólico, assim como resiste no neurótico de guerra, pela impossibilidade de o ser humano representar o real da própria morte.

> O inassimilável é algo que não passa à representação, ou, dito de outra maneira, *não cessa de não se inscrever*. Isso importa no contexto da clínica. Não é simplesmente que não se inscreva, mas que sendo o que *não cessa de não se inscrever*, é causa de novas transcrições. (Guimarães, 2007, p. 3)

Isso que *não cessa de não se inscrever*, Lacan, no livro 11 de seu *Seminário*, chama, tomando a palavra emprestada de Aristóteles, de *tykhé*, em contraponto ao *automaton*, que é o que Lacan (2008 [1964], p. 59) designa por "insistência dos signos aos quais nos vemos comandados pelo princípio do prazer". *Tykhé*, portanto, é o encontro do real, e o real é o que vige sempre atrás do *automaton*. Não que *automaton* não seja uma repetição, ele o é, mas não está além do princípio do prazer. O que extrapola esse princípio é o trauma, é o encontro do real, do inassimilável, que não deixa nunca de *não se inscrever*. Na visão crítica de Lacan, é essa falha na inscrição que mais importa quando Freud descreve a repetição para além do princípio do prazer. O que se repete é a não inscrição do real, o inassimilável do trauma.

Se a ausência da mãe de Perec, por exemplo, é vivida como uma perda do objeto, esse será o seu trauma, a falta, que não cessará de *não se inscrever* no jogo do carretel. Para Lacan (2008 [1964]), exercer o papel ativo no desaparecimento do objeto (que representa a mãe) é secundário, o principal da brincadeira do *fort da* é a superação da divisão do sujeito. Não se trata da repetição da necessidade, que se converteria em pedido do retorno da mãe, uma vez que isso, para Lacan, se manifestaria por um grito. Trata-se da clivagem do próprio sujeito, sua castração: "(...) a automutilação a partir da qual a ordem da significância vai se pôr em perspectiva" (Lacan, 2008 [1964], p. 66). Assim, o carretel, na análise lacaniana: "(...) é alguma coisinha do sujeito que se destaca embora ainda sendo bem dele, que ele segura". Essa coisinha que se destaca é o que no estudo de Lacan conhecemos como objeto pequeno *a*. Será, portanto, que a busca de Perec é a busca pelo objeto perdido? E a utilização dos jogos é uma forma de esconder e/ou enunciar essa perda?

Retornando ao percurso freudiano sobre a brincadeira infantil, o que percebemos é que, mesmo em sua análise sobre o *fort/da*, Freud (1996 [1920], p. 27) não abandona sua primeira definição do brincar e, depois de dizer que "(...) em suas brincadeiras as crianças repetem tudo o que lhes causou uma grande impressão na vida real (...)", afirma que "(...) é óbvio que todas as suas brincadeiras são influenciadas por um desejo que as domina o tempo todo: o desejo de crescer e poder fazer o que as pessoas crescidas fazem". Essa afirmação é feita no início do texto e será mantida até o final da obra freudiana, porém, com um acréscimo importante. Tal acréscimo só virá depois de o autor ter começado a avançar no conceito de compulsão à repetição e então demonstrar como a compulsão à repetição entra na brincadeira infantil, muitas vezes sem se opor ao princípio do prazer, o que talvez não possa ser dito das neuroses de guerra. Para o autor, "(...) as crianças repetem experiências desagradáveis pela razão adicional de poderem dominar uma impressão poderosa (...)" (Freud, 1996 [1920], p. 46). A via escolhida por Perec para tratar dessas questões é a literatura sob restrições. Uma literatura obsessiva, compulsiva que tenta esgotar todas as possibilidades a partir das regras e jogos conhecidos.

Vale a pena retomar, nesse ponto, a já referida crítica que Lacan (2008 [1964], p. 232) faz a essa afirmação em 1964, quando assinala que: "Dizer que se trata simplesmente para o sujeito de se instituir numa função de domínio é uma tolice". A crítica novamente se sustenta na operação lacaniana citada acima e que Miller (2005) designa como sendo a clivagem da repetição, o que a distingue em dois níveis: *tykhé* e *automaton*. Dizer que a repetição é puro domínio, é acreditar:

> [...] que tudo o que fosse da ordem do natural, dado no começo, real, passaria ao simbólico, sem deixar resto. O *Seminário 11* assinala que a relação da repetição com o objeto não é a de uma simples anulação. (Miller, 2005, p. 167)

A repetição a que Lacan se refere, portanto, vai ao encontro de um real, e o real se relacionará com o trauma, que Lacan transforma no "(...) conceito freudiano do inassimilável pelo significante (...)" (Miller, 2005, p. 167), e que é o motor da repetição a partir do *Seminário 11*. Se o trauma é o inassimilável, ele não pode ser dominado, ele sempre deixa um resto, e é esse resto que motiva a repetição. A repetição, por sua vez, nunca dará conta desse prometido domínio, o que não significa que nada pode ser transcrito. Nessa perspectiva, a compulsão à repetição aparece na brincadeira infantil tanto determinada pelo encontro com o real, *tykhé*, quanto determinada pela insistência dos signos, *automaton*, princípio do prazer. É nesse sentido que podemos dizer que a obra de Perec está no litoral entre o simbólico da insistência dos signos e o real, enquanto insistência do objeto perdido, do impossível de simbolizar. Novamente, Perec se porta como uma criança e converge a repetição do além do princípio do prazer e a satisfação do princípio do prazer:

> No caso da brincadeira das crianças, já demos ênfase às outras maneiras pelas quais o surgimento da compulsão pode ser interpretado; aqui, a compulsão à repetição e a satisfação instintual que é imediatamente agradável, parecem convergir em associação íntima. (Freud, 1996 [1920], p. 33)

A repetição obsessiva de Perec pelos jogos literários de esconde-esconde pode ser pensada como sua compulsão, sua busca pelo além do princípio do prazer, pela tentativa de escrever o que não cessa de não se *escrever*, por mais que se escreva. Podemos supor que Perec tenta escrever a perda de seus parentes desaparecidos por meio de faltas e restrições enunciativas, tal qual a criança tenta escrever a perda da mãe através do carretel.

Para Freud (1996 [1926]), a ansiedade é incorporada na mente por meio de experiências anteriores, e, nesse sentido, não há uma experiência mais primitiva de intensa ansiedade do que o nascimento, que é, em outros termos, uma experiência de perda, de perda da mãe e do conforto da vida uterina. Mas se a ansiedade aparece toda vez que a criança supõe a repetição da experiência traumática (e as primeiras experiências traumáticas são sempre experiências que lançam o sujeito no desamparo do mundo externo), toda vez que ela for abandonada por um adulto, ela dará um sinal da antecipação do perigo que acredita correr. A criança, portanto, sempre que abandonada revive a situação de sair do conforto da presença do objeto e pressente uma insegurança dando sinais de ansiedade, ainda que nem sempre sua insegurança seja justificada. Os perigos estão, assim, relacionados ao desamparo e à perda do objeto, e perda do objeto, em psicanálise, não tem outro nome senão castração. Estamos de novo no ponto em que Lacan (2008 [1964]) indica que o carretel é uma "coisinha do sujeito que se destaca". A obsessão em Perec também pode ser pensada a partir dessa coisinha que se destaca e que retorna a cada escrita do autor.

O desamparo humano (talvez intensificado na orfandade em Perec), que se revela na dependência do bebê a seus primeiros objetos, explica os medos mais convencionais das crianças, tais como ficar sozinho, ficar no escuro ou ser entregue a um estranho - situações que repetem a perda do objeto. Toda essa digressão nos reconduz à brincadeira em geral e à brincadeira de esconder em particular, pois o que é a brincadeira do esconder, seja o carretel ou seja o rosto, senão uma repetição do trauma de perder o objeto? Temos então que, antes de participar da brincadeira do esconder, a criança vivia a separação do objeto como uma experiência traumática de abandono e desamparo. Freud (1996 [1926]) ressalta que como a criança ainda não sabe distinguir a ausência temporária da perda permanente, por exemplo da morte, ela vive cada experiência de separação como uma morte. É preciso então que repetidas experiências de afastamento ocorram para que a criança perceba que a ausência da mãe pode ser acompanhada de seu reaparecimento. As mães parecem se dar conta de parte desse processo, uma vez que muito costumeiramente elas consolam seus filhos com palavras do tipo: "Mamãe está aqui, não precisa chorar, etc". Nesse momento, cabe trazer outra referência freudiana importante para a teoria das brincadeiras de esconder: "A mãe encoraja esse conhecimento [o conhecimento de que o desaparecimento não é permanente], que é tão vital para a criança, fazendo aquela brincadeira tão conhecida de esconder dela o rosto com as mãos e depois, para sua alegria, de descobri-lo de novo" (Freud, 1996 [1926], p. 165).

Para fins de resumo da situação apresentada, e já cientes da crítica lacaniana quanto à importância do domínio das experiências psíquicas, podemos retomar as palavras proferidas por Freud algumas páginas antes de sua referência à brincadeira do *puti* para depois retomarmos com mais detalhes a investigação dos jogos de esconder:

> A ansiedade é a reação original ao desamparo no trauma, sendo reproduzida depois da situação de perigo como um sinal em busca de ajuda. O ego, que experimentou o trauma passivamente, agora o repete ativamente, em versão enfraquecida, na esperança de ser ele próprio capaz de dirigir seu curso. É certo que as crianças se comportam dessa maneira em relação a toda impressão aflitiva que recebem, reproduzindo-a em suas brincadeiras. Ao passarem assim da

> passividade para a atividade tentam dominar suas experiências psiquicamente. (Freud, 1996 [1926], p. 162)

Enunciação e esconde-esconde

Tendo dito já muita coisa sobre o brincar infantil, sobre as restrições literárias e sobre Perec – e sua relação com a arte e o fantasiar bem como a compulsão à repetição e a ansiedade do trauma – chegamos à conclusão de que, além de se apoiar na satisfação do princípio do prazer, reservando um pedaço do eu livre das condições do mundo externo, o texto de Perec também se serve da compulsão à repetição ou do retorno ao estado anterior de coisas.

Comecemos pelo que achamos de mais primitivo em nossas pesquisas e que se relaciona com o brincar de esconder como uma espécie de pré-brincadeira. Referimo-nos à experiência da perda objetal. Isso quer dizer que nem sempre a criança pôde participar do jogo de esconder, pois existia uma época em que ela mesma não se distinguia da mãe e a separação não poderia de maneira alguma ser experimentada como uma brincadeira, nem a criança poderia dela retirar prazer. Vimos com Lacan (2008 [1964]) que a brincadeira do carretel, por exemplo, exige uma superação da clivagem do sujeito. Antes de brincar de esconder, a criança tem de ter experimentado a separação da mãe ou do adulto protetor como o avesso do prazer lúdico, um tormento comparável aos traumas de guerras ou a outras situações de perigo de vida. Só depois de verificar que o objeto não faz parte do eu infantil, só depois de destacar essa coisinha que será o objeto *a*, é que ela pode finalmente entrar no jogo e retirar algum prazer disso, pois não duvidamos que um dos principais motivos de toda brincadeira seja retirar alguma cota de prazer. Perec busca se reconciliar com a mãe como uma volta à indissociação perdida, uma referência ao próprio texto onde brincadeira e seriedade caminham juntas.

Vencida essa primeira etapa e preparada para a brincadeira, a criança, desde que auxiliada por um adulto, pode então repetir essa experiência traumática em forma de brincadeira, quem sabe mais tarde em forma de poesia. É importante, aqui, destacarmos a função da linguagem nesse processo. Dissemos, logo no início, que a maioria dessas brincadeiras de esconder são acompanhadas de vocalizações paradigmáticas como o *fort* e o *da* da brincadeira do neto de Freud. Enunciações como *sumiu* e *achou* têm uma função psíquica, uma vez que são, em sua maioria, antítese significantes, um S1 e um S2: "Não há *fort* sem *da*..." (Lacan, 2008 [1964], p. 232). Na tradição dos estudos linguísticos, a enunciação é justamente conceituada como um acontecimento, como algo que inaugura um dizer, que sobrepõe a linguagem (já sempre em funcionamento com suas cadeias de significados pairando sob cadeias significantes, sujeitos falantes cindidos e suas histórias) à língua enquanto sistema abstrato e relativamente autônomo. Essa tomada da palavra não é, pois, nunca desvinculada das contraintes desse sistema nem do campo de memória que possibilita que o dizer tenha sentido. A enunciação coloca a língua em funcionamento. Mas o sujeito também acredita agir nesse processo, acredita falar por si só, fantasia ser a origem de seu dizer e não desconfia que suas palavras poderiam ter sido outras. A enunciação está ligada, de certa forma, à repetição, pois, imaginariamente, o sujeito crê na originalidade de seu dizer e pode, ainda, relacionar toda tomada de palavra a um momento único, irrepetível (como no aforismo da filosofia do devir: *tudo flui como um rio*), mas, por outro lado, nenhum dizer tem sentido se não ressoar de e em outras enunciações, se não for repetição, retomada, redizer. O *fort/da* ou o *achou* das brincadeiras infantis encontram na fala do adulto seu campo de memória, enquanto o esconde-esconde literário de Perec faz bastante sentido em relação à falta de seus pais, à tragicidade dessa perda. Por isso o jogo com a linguagem, com a estrutura, com a letra por meio dos palíndromos, lipogramas, anagramas. Ainda que, como lembra Lacan, não seja da oposição pura e simples do *fort* e do *da* que o jogo retire sua força inaugural – mas sim do carretel enquanto objeto *a* – essa oposição entre os sons emitidos parece não ser gratuita, uma vez que coloca o sujeito entre dois significantes que o auxiliarão rumo à superação da castração.

Se assim realmente for, temos então que a primeira função do brincar não é atender ao desejo de ser adulto, mas de tentar inscrever a falta inassimilável do objeto que *não cessa de não se inscrever*. É fácil supor, então, que, em um primeiro momento, a criança talvez esteja mais preocupada em recuperar o objeto escondido do que deixá-lo omisso por muito tempo. Isso porque, nessas situações, a criança atua de forma passiva e anseia pelo encontro do objeto que se faz desaparecer por iniciativa do adulto, lembrando a célebre frase de Perec sobre o esconde-esconde e seu desejo de ser descoberto e o medo de não o ser.

Essa análise nos conduz a uma pergunta inevitável: quando a criança passa do jogo da repetição do trauma ao jogo fantasioso de ser adulto? Quando a coisa é ludicamente séria ou, simplesmente, seriamente lúdica? Essas formas de jogo coexistem ou passam a existir depois de determinada constituição do eu?

Algumas dessas respostas podem ser procuradas na relação do sujeito com o objeto, que como aprendemos com Freud (1996 [1923]), pode ser pelo menos de duas ordens: um desejo de ter o objeto e um desejo de ser o objeto, de incorporá-lo. Assim, a criança representaria em suas brincadeiras ambas as situações, uma em que ela repete a perda do objeto e outra em que ela, fantasiosamente, se identifica com o objeto amado adulto, que é uma das formas de se ter o objeto. É nessa falta eterna que encontramos a escrita e os enigmas de Perec. Sua busca pela infância perdida, pelas brincadeiras infantis desaparecidas. Freud (1996 [1923]) defenderá essa hipótese afirmando que se o Eu se apresentar ao Isso semelhantemente ao objeto perdido, o Isso pode amar o objeto por meio do amor narcísico que sente pelo Eu. Em outras palavras, se uma criança se assemelha ao adulto, ela pode amar essa parte de si que se parece com esse adulto. Teríamos, nessa distinção entre o amor do *ter* e o amor do *ser*, uma pista de como a criança brinca para representar tanto uma quanto outra situação, ter e ser o objeto (adulto). A repetição, por sua vez, parece se dever mais à falta do objeto do que ao desejo de tê-lo ou sê-lo. Ou seja, mais pelo vazio do que por sua representação. Por enquanto, apenas sugeriremos que o mesmo motor que move a repetição, aquilo que *não cessa de não se inscrever*, move também a fantasia presente nos jogos mais elaborados da criança e, também, na escritura de Perec. Como afirma Lacan (2008 [1964], p. 64), "(...) o real vai do trauma à fantasia (...)", posto que "(...) a fantasia nunca é mais do que a tela que dissimula algo de absolutamente primeiro, de determinante na função da repetição". Talvez o que possa ser proposto por enquanto é que o real também vai da brincadeira do esconder à brincadeira do fantasiar (desejo de ser adulto) e das restrições literárias em busca desse real perdido.

Perec, portanto, quer se revelar, se percorrer, mas se esconde através de sua escrita restritiva, obsessiva e traumática. O aspecto doloroso de suas *contraintes* é também, complementarmente, o aspecto lúdico e inventivo de sua literatura. Perec brinca com seus leitores, com as palavras, com a letra, da mesma forma que desejaria brincar com seus próprios pais. Nasce aí, do desejo e da fantasia do trauma, e por meio dos jogos e da matemática, o testemunho especial de Perec.

Trauma e metatestemunho

com DARLAN SANTOS e VITOR CEI[15]

Eu escrevo [...] porque eu fui um entre outros. Eu escrevo sem E, eu escrevo sem eles, E e eles estão inseparavelmente ligados, ausentes/presentes, eles presentes no livro como na letra tabu sempre aqui em filigrana, jamais escrito e sempre convocado pela perífrase, metáfora, comparação ou metonímia. Breve, o lipograma, ou como dizer (como se calar?) o indizível

(Perec apud Magné, 1999, p. 41)

A era das catástrofes

O testemunho primário é aquele escrito ou narrado por um sobrevivente da *Shoah*. Por sua vez, o testemunho dito de segunda ordem (ou secundário) é aquele escrito pelos filhos de sobreviventes da *Shoah* ou de algum outro evento traumático. Primo Levi, Elie Wiesel, Imre Kertész – e tantos outros – podem ser enquadrados no testemunho primário. Art Spiegelman, autor de *Maus*, ao narrar as difíceis relações com seu pai, sobrevivente da *Shoah*, apresenta um testemunho de segunda ordem. Georges Perec, diferentemente, não pode ser enquadrado em nenhuma dessas duas categorias. Ele não viveu a *Shoah*, mas sentiu bem de perto as suas implicações.

Perec já tinha certa idade para sentir a lacuna que a ausência de seus pais representou. Além disso, ele poderia entender minimamente o que se passava durante a guerra. De acordo com Susan Suleiman,[16] o testemunho de Perec, presente nos seus livros autoficcionais e autobiográficos, pode ser considerado como de ordem "1,5", o que significa dizer que ele se encontra em um estado intermediário entre o testemunho de primeira ordem e o testemunho secundário ou de segunda ordem. A maioria dos trabalhos que relaciona a obra de Perec com o nazismo e seu testemunho, como é o caso de Suleiman, trabalha com o livro *W ou A memória da infância* e seus outros livros de teor autobiográfico. Entretanto, a obra chave para entender esse novo tipo de testemunho – a que chamamos metatestemunho – é o *La disparition*.

A literatura do trauma

As obras elaboradas em contextos de guerra ou durante crises sociais têm uma incumbência extra de refletir, pontuar e apontar caminhos para angústias, dúvidas e anseios que tomam conta dos indivíduos em tempos difíceis. Mais do que isso, a literatura e as outras manifestações artísticas devem servir como um sinal de alerta para que atos de barbárie não se repitam no futuro.

Tendo em mente esse panorama, a empreitada dos autores compreende, além de seus interesses pessoais, a luta contra o esquecimento. A literatura deve auxiliar-nos a lembrar do que as gerações passadas foram capazes para, dessa maneira, podermos efetivamente evitar que catástrofes como a repressão, a intolerância e a perseguição política possam ainda eclodir. Nesse sentido, a escrita pode ser considerada uma forma de resistência que engloba uma dimensão ética, enquanto manifestação de indignação, mesmo que esta ocorra de forma sutil, nas "camadas subterrâneas" do texto.

No século XX, a literatura de resistência tornou-se manifesta em contextos ditatoriais e naqueles relacionados às duas grandes guerras como uma resposta aos atos de perseguição, violência e crueldade:

> Propiciaram o ressurgimento de novas ondas de catástrofe, as quais implicaram em políticas de extermínio premeditado de contingentes de opositores, em massacre dos humilhados, em supressão dos direitos civis, em tortura sistemática contra vítimas indefesas, em repressão e censura indiscriminada, em imposição de brutal sofrimento físico a considerável parte das

> populações desses países, entre outras atrocidades. (Franco, 2003, p. 358)

Franco prossegue em suas considerações, alertando sobre uma das funções essenciais dessa literatura de resistência; o ataque ao "inimigo":

> [A narrativa] abrange tanto a denúncia da barbárie e das atrocidades por ele (o inimigo) cometidas como a reconstituição do rosto desfigurado dos mortos, os quais tentaram, no passado, construir uma vida diversa da do atual presente. Narrar as ruínas dessa tentativa é um modo de atualizá-las. (Franco, 2003, p. 360)

A escrita, portanto, realiza a tarefa de cultuar e redimir os mortos, e também atualiza o que, em outro tempo, foi motivo de trauma, mesmo sabendo-se que a experiência traumática não pode ser totalmente assimilada enquanto ocorre. Nas palavras de Freud (1996, p. 87), "chamamos assim a uma vivência que, no espaço de pouco tempo traz um tal aumento de excitação à vida psíquica, que a sua liquidação ou a sua elaboração pelos meios normais e habituais fracassa, o que não pode deixar de acarretar perturbações duradouras no funcionamento energético".

O trauma, ademais, caracteriza-se pela intensidade de um evento e pela incapacidade em que se acha o indivíduo de lhe responder de forma adequada. Nesse processo, acabam ocorrendo transtornos e efeitos patogênicos na organização psíquica do sujeito. Diante de acontecimentos de tal magnitude, como aqueles vividos pelos familiares de Perec (e pelo próprio escritor, afetado pela perda dos pais), o testemunho caracteriza-se tanto pela narração dos fatos traumáticos como pelo relato do processo de enfrentamento a eles. Afinal, como complementa Freud (1996, p. 40):

> Um acontecimento como um trauma externo está destinado a provocar um distúrbio em grande escala no funcionamento da energia do organismo e a colocar em movimento todas as medidas defensivas possíveis. Ao mesmo tempo, o princípio do prazer é momentaneamente posto fora de ação. Não há mais possibilidade de impedir que o aparelho mental seja inundado com grandes quantidades de estímulos; em vez disso, outro problema surge, problema de dominar as quantidades de estímulo que irromperam, e de vinculá-las, no sentido psíquico, a fim de que delas se possa então desvencilhar.

A escrita, revestida de teor autobiográfico, seria, portanto, uma tentativa de dominar os estímulos provenientes dos traumas. Valendo-se das considerações de Freud acerca do trauma e de sua elaboração por meio da escrita, Márcio Seligmann-Silva (2003, p. 49) completa:

> A linguagem tenta cercar e dar limites àquilo que não foi submetido a uma forma no ato da sua recepção. Daí Freud destacar a repetição constante, alucinatória, por parte do 'traumatizado', da cena violenta.

O ato de revelar o vivido por meio da literatura, no entanto, não ocorre de forma tranquila. É com base nessas considerações que passamos a analisar a empreitada de Perec, de conceber, através de sua obra, o drama familiar.

W ou o testemunho da infância

W ou A memória da infância tem a seguinte epígrafe de Raymond Queneau (*apud* Perec, 1995, p. 7): "essa bruma insensata em que se agitam sombras, como eu poderia clareá-la?" Assim Perec começa mais um de seus projetos: clarear e reviver suas sombras e memórias de infância. Escrever para tentar entender os acontecimentos mais importantes de sua vida.

Ler atentamente *W ou A memória da infância* "nos permite voltar à fonte existencial do vazio, da falta, que está na base das relações de Perec com a realidade e que motiva as peculiaridades do seu projeto realista, bem como o seu recurso às restrições formais" (Montfrans, 1999, p. 153). Assim, é necessário que o *leitor ideal* seja capaz de se empenhar ainda mais para descobrir o vazio, a falta e as restrições de Perec.

Perec gosta de ludibriar e brincar constantemente com seus leitores. Propõe jogos, cria enigmas, brinca com a língua e com a linguagem sempre esgotando todas as possibilidades literárias. Ao revelar sua ambição como escritor, não expõe um dos seus mais fortes temas: o de escrever/testemunhar a sua relação com a *Shoah*, "evento que justamente resiste à representação" (Seligmann-Silva, 2003, p. 373). Ao escrever sobre o que resiste à representação, ao trabalhar com a linguagem e com as estruturas restritivas, Perec quer testemunhar esse 'real' inacessível. Mas como seria esse testemunho de Perec e como continuar a escrever após tamanha catástrofe? Seria um ato de barbárie, como postulou Adorno? Em *Je suis né*, Perec (*apud* Suleiman, 2006, p. 178) dá uma dica do que (e como) está realmente buscando: "A questão não é nem 'por que continuo?' nem 'por que não posso continuar'... mas 'como continuar?'" A escrita, em Perec, é necessária e fundamental para enfrentar seus fantasmas e, assim, compõe uma obra distinta e peculiar que trabalha e discute diversos problemas relacionados à literatura e também ao testemunho. Sua literatura "contraria a anamnese, a evocação voluntária do passado da autobiografia tradicional, baseada na crença na permanência de um eu individual, cuja interioridade é anterioridade" (Montfrans, 1999, p. 153).

Já que Perec não viveu em nenhum dos campos de concentração, seus escritos não se enquadram no que conhecemos como testemunho primário. Também, como não é filho de sobreviventes, seus escritos não são vistos como um testemunho secundário ou de segunda geração. Mas, infelizmente, a *Shoah* está diretamente ligada à sua criação, cultura e a seus traumas, como escreve:

> Não tenho nenhuma memória da infância. Até os doze anos mais ou menos, minha história se resume em poucas linhas: perdi meu pai aos quatro anos, minha mãe aos seis; passei a guerra em diversos pensionatos de Villard-de-Lans. [...] 'Não tenho recordações da infância': eu fazia essa afirmação com segurança, quase com uma espécie de desafio. Não precisavam me interrogar sobre essa questão. Ela não estava inscrita no meu programa. Estava dispensado dela: uma outra

história, a Grande, a História com H maiúsculo, havia respondido em meu lugar: a guerra, os campos de concentração. (Perec, 1995, p. 13)

Perec representa uma geração de crianças que se tornaram escritores e que perderam seus pais durante a *Shoah*. Ao escrever anos depois dos fatos, descreve o trauma coletivo do qual foi membro importante. Dominick LaCapra propõe uma distinção entre trauma estrutural e trauma histórico. Segundo o historiador, o trauma estrutural faz parte da constituição do ser, por exemplo, o trauma do nascimento ou da separação de seus pais. O trauma histórico, no entanto, está relacionado com o ambiente cultural, como a participação em guerras, torturas e genocídios. Partindo dessa ideia e com intuito de estender esses conceitos, Susan Suleiman propõe uma distinção entre o trauma pessoal e coletivo. Uma criança, por exemplo, que foi abusada sexualmente, encontra-se na classificação de LaCapra sob o trauma histórico. Porém, de acordo com Suleiman, o trauma de uma criança que viveu em campos de concentração é completamente diferente, embora seja um trauma histórico. Embora único e pessoal, o testemunho reflete o trauma histórico vivido por um grupo de pessoas, como escreve Suleiman (2006, p. 133): "o trauma histórico coletivo é vivido por indivíduos, um de cada vez, e esse fato tem consequências importantes para o conceito de testemunho. Cada testemunho é único, ele relata o que a vítima passou ou testemunhou". Assim Perec escreve em nome dessa geração 1.5.

Ao se utilizar de restrições para escrever, Perec está discutindo necessariamente os limites da linguagem ao narrar um evento desse porte. Limitação, falhas, lapsos e erros tentam traduzir, por meio das restrições, a impossibilidade (e necessidade) do testemunho.

De acordo com Jacques Derrida e Gilles Deleuze, o *Evento* é o sentido que desperta a escrita, apesar de interpretações diversas serem possíveis para representar o mesmo acontecimento. Marcado pela *Shoah* e membro da geração 1.5, Perec cria o seu testemunho recheado de estruturas restritivas e referências escondidas. *Literature* seria o espaço da *difference* que move e distingue os significados dos momentos, segundo Derrida, e pode ser encontrado na escrita inventiva de Perec.

Para explicar o conceito de *Event*, Alan Badiou (2006) cita alguns dos axiomas de Deleuze que podem ser incorporados à estrutura restritiva de Perec:

> Axioma 3: O evento é de um regime diferente das ações e paixões do corpo, mesmo que resulte delas.

> Axioma 4: Uma vida é composta de um único e mesmo Evento, sem toda a variedade do que acontece com ele.

Para Badiou (2006), portanto, os efeitos do evento podem variar de acordo com o indivíduo. O *Evento* é o diferenciador das ações, memórias e das paixões. Assim, em Perec, o Evento desencadeador da sua literatura restritiva, sobretudo em *W ou A memória da infância*, é a *Shoah*. *Shoah*, para Perec, não é o que aconteceu em sua vida, "mas o que é que acontece, ou o que acontece no que acontece, de modo que só pode ter um único Evento". A essência do *Evento* aparece nos escritos de Perec de forma única e potencialmente testemunhal.

Inicialmente, temos as seguintes características atribuídas à literatura de testemunho e que podem ser encontradas em *W ou A memória da infância*:

> 1) *O evento*: a *Shoah* aparece como o evento central da teoria do testemunho. Desde os anos de 1980 ele vem sendo cada vez mais caracterizado por sua radicalidade e consequente singularidade. Partindo dessa característica, desenvolveu-se um dos *topoi* nas pesquisas sobre testemunho, a saber, o da singularidade e não possibilidade de comparação entre a *Shoah* e outras catástrofes, ou seja, afirmou-se a sua radical unicidade.

[...] Devido à singularidade/unicidade a *Shoah* estaria 'para além' de toda compreensão.

2) *A pessoa que testemunha:* ela é muitas vezes pensada na chave da noção freudiana de trauma ou dentro de abordagens lacanianas – quando se enfatiza a noção do real como algo que não pode ser simbolizado. [...] A noção de testemunha primária normalmente é aplicada ao sobrevivente.

3) *O testemunho*: *literalização* e *fragmentação* são duas características centrais (e apenas à primeira vista incompatíveis) do discurso testemunhal. Ele é ainda marcado por uma tensão entre *oralidade* e *escrita*. Esta noção pode ser pensada também em termos psicanalíticos, se nos recordamos da pessoa traumatizada como alguém que porta uma recordação exata do momento do choque e é dominada por essas imagens que sempre reaparecem diante dela de modo mecânico, involuntário.

4) *A cena do testemunho*: ela tende a ser pensada antes de mais nada como a cena do tribunal: o testemunho cumpre um papel de justiça histórica. [...] A segunda cena característica é mais individual e vê o testemunho como um momento de perlaboração do passado traumático.

5) *A literatura de testemunho*: a noção de literatura de testemunho é mais empregada no âmbito anglo-saxão

> também devido ao influxo dos estudos literários latino-americanos. [...] Na Alemanha, autores têm variado a ênfase ao tratar dessa literatura: como parte da *teoria da memória* [...] e da *teoria da representação* no âmbito literário artístico. (Seligmann-Silva, 2005, p. 84-86)

Ao criar um país único e singular chamado W, Perec está recriando a estrutura alemã e nazista que permitiu a *Shoah*. Seu pano de fundo é a extrema crueldade e as implicações que o nazismo provocou em sua vida, e que está *além* de toda sua compreensão. Ao não se lembrar de todos os acontecimentos de sua infância, ao repetir a todo o momento a imagem de sua mãe se despedindo dele na estação de trem, ao tentar simbolizar essa memória e esse 'real' a partir da escrita, Perec está diante de seu trauma de infância: o desaparecimento precoce de seus pais.

W, que começou a ser escrito em 1969, somente é finalizado após seis anos de trabalho e só foi possível graças às sessões de psicanálise que Perec teve com J. B. Pontalis. O relato de *W*, à medida que a história se passa, é repleto de lacunas, fragmentos e invenções. Perec quer se lembrar, mas não é capaz: por isso reconstrói um país e uma história tentando encaixar as peças faltantes de seu *puzzle* memorialístico fadado, infelizmente, ao fracasso. Ao trabalhar com restrições, jogos e enigmas, Perec discute a possibilidade de controlar a própria literatura, de dominar a estética da recepção, de conduzir o leitor ao caminho restritivo desejado, o que nunca é alcançado. Esse também é o seu próprio fracasso enquanto testemunho: repleto de historicidade, ficção e memórias falsas, seus escritos conduzem a uma peça faltante de um enorme quebra-cabeça. Mas, mesmo diante da impossibilidade de dizer, há a necessidade de dizer:

> *W ou A memória da infância* não rompe com o modo experimental da escrita de Perec; porém, aquilo que aparecera como experimentação puramente formal nas obras anteriores assume aqui um profundo significado existencial. O duplo, a divisão, a descontinuidade e a ausência tornam-se não apenas sinais da ambição formal da obra, mas também sinais impregnados de significado pessoal e histórico, relacionados à natureza das memórias da infância e à separação traumática e experiência de perda na infância. (Suleiman, 2006, p. 186)

Assim, a partir de sua escrita experimental e restritiva, Perec aborda temas importantes e pessoais como infância, trauma, separação e memórias. Escrever, silenciar, expressar o indizível e buscar constantemente a possibilidade de alcançar o 'real' traumático são preocupações dos escritos de testemunho. Mas, seria possível dizer e trabalhar com o indizível do testemunho, como Perec o faz? Sim, como escreve Suleiman (2006, p. 188):

> Lejeune certamente está correto sobre a inesgotabilidade do tema, bem como sobre a abordagem oblíqua de Perec a esse tema. Entretanto, acho que precisamos de uma moratória, ou de um tabu explícito, para o uso da palavra 'indizível' em conexão com o Holocausto. Se dissermos algo, ainda que obliquamente, então não se trata de algo indizível - ao contrário, provavelmente, trata-se de um tema sobre o qual somos incapazes de parar de falar. O dizer pode assumir muitas formas; às vezes, conforme afirma a sabedoria popular, o silêncio diz mais do que as palavras.

W ou A memória da infância tem duas partes - a primeira, na qual Perec relembra e recria suas memórias de infância, e a segunda, na qual descreve um mundo fantástico chamado W, que é uma metáfora do regime nazista. Na primeira parte, Perec lembra da separação traumática de seus pais, sobretudo de sua mãe, e, a partir desse momento, tenta recriar o tempo que viveu junto às pessoas mais importantes de sua vida. Já na segunda parte, apesar de trabalhar com a fantasia de um mundo W, repensa a estrutura ridícula e abominável do nazismo. Essas duas partes são recriações ficcionais de sua própria memória e de seu conhecimento da História Concentracional.

Em *W ou A memória da infância*, as narrativas usam o "Eu" para descrever a "montagem" dos mundos memoriais, ficcionais e históricos. De acordo com Philippe Lejeune, essa montagem era totalmente desconhecida antes da criação de Perec. Lejeune (1991, p. 39) enfatiza que Perec "não estava à procura de novidade" – pelo contrário, para ele "era impossível fazer de outra forma". Essa obrigação domina as restrições de Perec tentando entender ou criando uma forma testemunhal restritiva para compreender o que se passou com os judeus, e com crianças como ele, durante a *Shoah*. Vemos, portanto, um escritor inventivo à procura de uma forma de expor o Evento e narrar seu trauma particular e coletivo.

Dessa forma, apesar de tentar esconder o seu testemunho e de falar o indizível, Perec nunca deixa de se exprimir, seja por meio das restrições, seja por meio de seus silêncios e eliminações (como é o caso do *La disparition*).

Além das dificuldades inerentes a qualquer pessoa que passa por uma situação traumática, há, em Perec, a questão da infância. Os principais acontecimentos de sua vida ocorreram em sua tenra juventude existindo, portanto, limitações memorialísticas em relação a essa idade. Quando Perec tinha somente quatro anos, seu pai morreu no fronte de Guerra e, um ano e meio após, com cinco anos, sua mãe despediu-se dele na *Gare de Lyon*: Perec foi enviado num comboio da Cruz Vermelha aos Alpes, perto de Grenoble, para viver com seus tios e nunca mais viu sua mãe. Esses acontecimentos são descritos em *W*, embaçados pela bruma insensata das sombras e das lembranças. Assim Perec (1995, p. 20) segue escrevendo, fantasiando e criando essa sua infância traumática:

> Minha infância faz parte daquelas coisas das quais sei que não sei grande coisa. Ela está atrás de mim, no entanto, é o solo sobre o qual cresci, ela me pertenceu, seja qual for minha tenacidade em afirmar que não me pertence mais. Por muito tempo procurei afastar ou mascarar essas evidências, encerrando-me na condição inofensiva do órfão, do não gerado, do filho de ninguém. Mas a infância não é nostalgia, nem terror, nem paraíso perdido, nem Tosão de Ouro, mas talvez horizonte, ponto de partida, coordenadas a partir

> das quais os eixos de minha vida poderão encontrar seu sentido.

Em seu artigo "Robert Antelme ou la vérité de la littérature", Perec discute as limitações da literatura testemunhal. Segundo ele, a literatura seria limitada e fraca para se trabalhar com Eventos traumáticos como a *Shoah*. É necessário dispor de novas ferramentas para descrever o fenômeno "*concentrationnaire*". Testemunhar é um ato e um esforço com o intuito de entender, apesar de que "os depoimentos foram ineficazes (...) desejavam dizer o que era indizível" (Perec, 1992, p. 176). O autor, portanto, inventa uma nova forma (e novas ferramentas) para testemunhar e escrever, aumentando as possibilidades literárias, memorialísticas e históricas.

Em *W ou A memória da infância*, o narrador diz não ter memórias de infância. Ao dizer isso já no início do livro, Perec, à sua maneira inventiva e restritiva, questiona o status ficcional da autobiografia e da questão memorialística. Sua recoleção de objetos memorialísticos é limitada (e, talvez, envenenada) por eventos históricos e traumáticos. Acessar a memória, dar o testemunho é, portanto, restritivo. Essa crítica autobiográfica, de acordo com Lejeune, permite a Perec criticar memória e História. A importância do testemunho em Perec é a crítica radical à experiência, de acordo com Lejeune (1990, p. 8). Assim, seus escritos são "oblíquos, múltiplos, quebrados e ao mesmo tempo girando infinitamente em torno do indescritível".

Apesar da palavra "*unspeakable*" ser uma constante nos testemunhos, principalmente primários, os sobreviventes continuaram a escrever e a contar seus traumas. De acordo com Suleiman, o problema de Perec em *W ou A memória da infância* é o de inventar a sua própria forma de descrever o que foi, e da forma como foi, capaz de viver.

A forma autobiográfica de Perec é uma possibilidade literária e criativa.

> Na autobiografia tradicional, o narrador adulto é identificado com o autor que domina e organiza o texto. A narrativa é constituída de acordo com um encadeamento de eventos, com base em uma linha de tempo extratextual, e informa os conteúdos da memória relacionados a eventos verificáveis. Esses fundamentos concretos permitem que a narrativa autobiográfica tradicional encubra a distinção entre seus componentes verificáveis e inventados. Perec, por outro lado, enfatiza essa distinção, assim como ele afirma em *Um homem que dorme* uma distinção estrita

> entre cenas de sonolência e as do estado de vigília. Ele justapõe uma narrativa ficcional à sua narrativa infantil e a seu narrador autobiográfico um segundo narrador ficcional; não apresenta qualquer conteúdo de memória, mas o processo de sua invenção ou sua lembrança. (Montfrans, 1999, p. 154)

Perec busca, portanto, reunir as limitações das memórias infantis com as memórias traumáticas da *Shoah*. Por meio de sua literatura e de suas limitações, o autor procura incessantemente relacionar seu testemunho com sua infância.

Infância

Definir infância e a capacidade de lembrar/entender determinados e específicos acontecimentos não é algo simples. Porém, é de comum acordo entre os psicanalistas e psicólogos cognitivos que a idade de onze anos[17] seria uma primeira fronteira entre o desenvolvimento infantil e sua capacidade de ter memória pessoal. Antes dessa idade, estaríamos em um período de 'latência': uma adolescência primitiva que não é capaz de reter e entender muitas informações. Logo depois dessa primeira fase, teríamos então uma capacidade de abstrair e um vocabulário específico para nomear a própria experiência, habilidades que faltam em crianças mais novas. Além disso, antes desse limiar de onze anos, a criança não teria consciência de todas suas memórias e muito pouco vocabulário para expressar o trauma vivido (Suleiman, 2004).

Em *W*, Perec trabalha com a infância, os traumas e os limites da linguagem ao se lembrar de quando era uma criança da Cruz Vermelha. Esses recursos utilizados por Perec podem ser relacionados ao discurso da infância apresentado por Giorgio Agamben (2008, p. 10-11):

> Se a condição própria de cada pensamento é avaliada segundo o seu modo de articular o problema dos limites da linguagem, o conceito de infância é, então, uma tentativa de pensar estes limites em uma direção que não é aquela, trivial, do inefável. O inefável, o 'inconexo' [*irrelato*] são de fato categorias que pertencem unicamente à linguagem humana: longe de assinalar um limite da linguagem, estes exprimem seu invencível poder pressuponente de maneira que o indizível é precisamente aquilo que a linguagem deve pressupor para poder significar. Ao contrário, o conceito de infância é acessível somente a um pensamento que tenha efetuado aquela 'puríssima eliminação do indizível na linguagem' que Benjamin menciona em sua carta a Buber. A singularidade que a linguagem deve

significar não é um inefável, mas é o supremamente dizível, a *coisa* da linguagem.

Perec se encontra no limite e na singularidade da linguagem: busca na memória da infância a sua "puríssima eliminação do indizível na linguagem" e testemunha a inefável *Shoah*, seja na busca pela infância não arquivável ou em seu testemunho não enunciável. Há sempre em Perec a possibilidade da ficção e do testemunho, escondidos através de suas *contraintes*.

Em relação às crianças sobreviventes da *Shoah* podemos enumerar três diferentes grupos: crianças muito novas para se lembrarem (em torno de três anos); crianças velhas o suficiente para se lembrarem, mas muito novas para entenderem (entre quatro e dez anos) e crianças velhas o suficiente para se lembrarem, mas muito novas para serem responsáveis (entre onze e quatorze anos). Entender e ser responsável são termos relativos e subjetivos, mas que podem ser indícios para uma primeira abordagem da infância.

Ao estudarmos os relatos, escritos e testemunhos dos sobreviventes primários, quando eram crianças nos Campos de Concentração, percebemos a tentativa de mostrar como se sentiam desamparados nesses lugares terríveis. O testemunho, portanto, seria o modo de expressar, pela linguagem, esse desamparo e carência. Instabilidade de identidade, silêncio, sentimento sempre presente de perda e solidão, falta de lembranças, lacunas em relação à própria juventude e questionamento constante no que se concerne ao *ser judeu*, dominam os discursos dos testemunhos primários (Suleiman, 2006). Assim escreve Perec sobre essa busca pela fala ausente e sobre seu sentimento de desamparo e carência:

> Sempre irei encontrar, em minha própria repetição, apenas o último reflexo de uma fala ausente na escrita, o escândalo do silêncio deles e do meu silêncio: não escrevo para dizer que não direi nada, não escrevo para dizer que não tenho nada a dizer. Escrevo: escrevo porque vivemos juntos, porque fui um no meio deles, sombra no meio de suas sombras, corpo junto de seus corpos; escrevo porque eles deixaram em mim sua marca indelével e o vestígio disso é a escrita: a lembrança deles está morta na escrita; a escrita é a lembrança de sua morte e a afirmação de minha vida. (Perec, 1995, p. 13)

W é a busca da infância, das lacunas e de seus traumas e, por isso, está relacionado também aos testemunhos primários.

> Os capítulos da memória de *W ou A memória da infância* estão repletos de lacunas e buracos que foram preenchidos – na verdade, Perec cortava, mais e mais, à medida que progredia nessa escrita que durou seis anos; além disso, até mesmo os capítulos W, que prometem uma estória de aventura, abandonam repentinamente, tanto a narrativa quanto o personagem principal, e passam a fazer descrições estáticas (embora cada vez mais horripilantes). (Suleiman, 2006, p. 190)

Walter Benjamin, assim como Perec, acreditava na infância como possibilidade de resgatar uma história que nos é íntima. O seu "jogo das letras", como escreve Benjamim, trata da concepção de infância como sendo um jogo que não significa retorno ao início da vida, mas retorno ao sentimento e às vivências de outrora, ao desejo de resgatar os acontecimentos vividos:

> [...] nada desperta em mim mais saudades que o jogo das letras. Continha em pequenas plaquinhas as letras do alfabeto gótico, no qual pareciam mais joviais e femininas que os caracteres gráficos. Acomodavam-se elegantes no atril inclinado, cada qual perfeita, e

> ficavam ligadas umas às outras segundo a regra de sua ordem, ou seja, a palavra da qual faziam parte como irmãs. Admirava-me como tanta modéstia podia existir com tanta magnificência. Era um estado de graça. E minha mão direita que, obedientemente, se esforçava por obtê-lo, não conseguia. Tinha de permanecer do lado de fora tal como o porteiro que deve deixar passar os eleitos. Portanto, sua relação com as letras era cheia de renúncia. A saudade que em mim desperta o jogo das letras prova como foi parte integrante de minha infância. O que busco nele na verdade, é ela mesma: a infância por inteiro, tal qual a sabia manipular a mão que empurrava as letras no filete, onde se ordenavam como uma palavra. A mão pode ainda sonhar com essa manipulação, mas nunca mais poderá despertar para realizá-la de fato. Assim, posso sonhar como no passado aprendi a andar. Mas isso de nada adianta. Hoje sei andar; porém, nunca mais poderei tornar a aprendê-lo. (Benjamin, 1995, p. 105)

Perec quer resgatar as vivências que não teve. Seus jogos de letras, suas restrições e invenções, são tentativas de rememorar e reviver experiências (inventadas) de outrora. Em *W*, há um trecho que mostra essa possível relação entre os jogos e buscas de Benjamin e o esforço de lembrar em Perec (1995, p. 21-22):

> Minhas duas primeiras lembranças não são de todo inverossímeis, mesmo se é evidente que as numerosas variantes e pseudoprecisões que introduzi mais tarde nos relatos – falados ou escritos – que fiz delas as alteraram profundamente, quando não as desnaturaram por completo. A primeira lembrança teria por cenário o fundo da loja da minha avó. Tenho três anos. Estou sentado no centro da peça, no meio de jornais iídiches espalhados. O círculo da família me rodeia completamente: essa sensação de cerco não se acompanha para mim de nenhum sentimento de esmagamento ou ameaça; ao contrário, é proteção calorosa, amor: toda a família, a totalidade, a integralidade da família está ali, reunida em torno da criança que acaba de nascer (mas eu não disse há pouco que tinha três anos?), como uma muralha intransponível. Todos se extasiam diante do fato de eu ter desenhado uma letra hebraica, identificando-a: o signo teria a forma de um quadrado aberto em ângulo inferior esquerdo, algo como (ב)[18] e seu nome teria sido *gammeth*, ou *gammel*. A cena inteira, por seu tema, sua doçura, sua luz, assemelha-se para mim a um quadro, talvez de Rembrandt ou talvez inventado, que se chamaria *Jesus diante dos doutores*.

Nessa passagem, Perec cria uma letra e uma história. A letra inventada é a busca pelo carinho, pelo conforto e pela proteção da família perdida. Ele busca, assim como Benjamin, a infância (perdida) por inteiro, reinventando um passado subtraído pela *Shoah*.

A infância e a lembrança são muralhas intransponíveis e seu testemunho é limitado e repleto de lacunas. Características desse testemunho podem ser encontradas, também, nos filhos dos sobreviventes (segunda geração). Assim, como escreveu Eli Wiesel (1985, p. 168) sobre a recriação de Auschwitz "sim, pode-se viver a mil milhas de distância do Templo e mesmo assim vê-lo queimar. Alguém pode verdadeiramente morrer em Auschwitz depois de Auschwitz". Perec revive constantemente os seus traumas, mesmo estando a muitas milhas de distância de Auschwitz e de suas lembranças. A constante repetição, como sugere Paul Valéry (*apud* Seligmann-Silva, 2005, p. 78), está relacionada à não compreensão: "a nossa memória nos repete o discurso que nós não havíamos compreendido. A repetição responde à incompreensão". Mesmo não estando mais na *Gare de Lyon*, Perec retoma, sempre que pode, essa despedida para tentar entender e narrar o incompreensível, o próprio silêncio das crianças da segunda geração:

> Testemunhos da segunda geração do Holocausto descansam em um travesseiro ardente. Embora não

> estivessem em Auschwitz, suas vidas são vividas à sombra dos campos da morte. Essas testemunhas foram removidas de suas perguntas quanto à sua identidade como judeus e como crianças sobreviventes. A questão central para a segunda geração permanece. Qual é a conexão deles com o Holocausto? Como eles definem seu relacionamento com seus pais? Seus pais sofreram, mas quais foram os efeitos na prole? Onde a segunda geração se encaixa na história da *Shoah*? Para esta geração, o Holocausto significa a presença eterna de uma ausência – daqueles que foram assassinados na *Shoah*. (Berger, 2001, p. 1)

Presença e ausência são constantes no trabalho de Perec. Questionamentos acerca do que é ser judeu – sobre a diáspora, exílio, culpa e *estrangeiridade*, como é característico dos testemunhos primários e secundários – também são encontrados em sua obra.

> Eu não sei exatamente o que é ser judeu e o que parece ser judeu. É óbvio, se você quiser, mas uma evidência medíocre, que me prende a nada; não é um sinal de pertença, não está ligado a uma crença, uma religião, uma prática, um folclore, uma linguagem; ele preferiria ser um silêncio, uma ausência, uma pergunta, um questionamento, uma vibração, preocupação [...]. Em algum lugar, eu sou um estranho para algo de mim

> mesmo; em algum lugar, eu fui 'diferente', mas não diferente dos outros, diferente do 'meu': eu não falo a língua que meus pais falaram, eu não compartilho nenhuma lembrança que eles possam ter, algo que foi eles, que os fizeram deles, que os fizeram quem eram, sua história, sua cultura, sua esperança, não me foram transmitidos. (Perec, 1995, p. 58)

Perec e o metatestemunho

A obra de Perec tenta esgotar todas as possibilidades. O esgotamento faz parte de seu trabalho e de seus objetivos literários. Seria esse trabalho fruto de um *trauma*? Em *La disparition*, Perec discute com a impossibilidade do real, da tradução e do testemunho. De acordo com Derrida (2001, p. 20), o testemunho, assim como a experiência, necessita de uma tradução: "1) não se fala nunca senão uma única língua – ou antes um só idioma; 2) não se fala nunca uma única língua – ou antes não há idioma puro".

A literatura de Perec discute essencialmente com a visão de testemunho descrita por Derrida (1998, p. 28): "o testemunho tem sempre parte com a possibilidade ao menos da ficção, do perjúrio e da mentira. Eliminada essa possibilidade, nenhum testemunho será possível e, de todo modo, não terá o sentido de testemunho". A literatura de Perec tem a capacidade de se relacionar com o "mundo fenomênico", extraliterário, seja através de suas *contraintes*, seja através de suas lembranças de infância e da sua própria reconstrução através da escrita.

Se "nenhuma criação existe sem experiência" (Deleuze & Guattari, 1992, p. 114), é por meio do lipograma que Perec apresenta a sua experiência. Em *La disparition*, o real aqui se manifesta na negação. *La disparition* é uma nova forma de discutir os conceitos da escrita de testemunho – e que não pode ser inserido nas classificações sugeridas (primário, secundário e 1,5) – em que Perec busca *representar o que resiste* por meio desse lipograma.

O livro *La disparition*, como será mostrado aqui, causou e causa certo estranhamento, como explica Pablo M. Ruiz (2012, p. 827):

> A história por trás do *La disparition* vale a pena ser revisitada. Diz a lenda que, quando publicado pela primeira vez, alguns de seus primeiros revisores não conseguiram perceber o lipograma. Eles o leram como um intrigante romance, um tanto irritante, em linguagem inexplicavelmente estranha, contando histórias complicadas de pessoas condenadas pela condenação hereditária, com uma narrativa que

> lembra da ficção policial. Roland Barthes, por exemplo, que apoiara Perec no início de sua carreira, recusou abrir o livro. O exemplo de Barthes provaria que: *La disparition* é um daqueles livros que muitas pessoas sentem que não podem fazer. Além disso, eles não pensam muito sobre o procedimento em si. Isso, no entanto, é confundir o *La disparition* com uma dessas conceituações em que o conceito – neste caso, o procedimento – exaure o romance.

La disparition é um romance com 320 páginas, aproximadamente 78.000 palavras e que nunca aparece a letra E. Negar veementemente tal letra é colocá-la como figura central de desejo, interdição e restrição dentro desse romance: "esta presença-ausência do *e* gira perpetuamente em uma roda do desejo e do proibido, da restrição e do prazer" (Burgelin, 1988, p. 84). Além disso, referências a qualquer palavra que contenha a letra E são proibidas, tornando o projeto ainda mais difícil. O livro[19] começa da seguinte forma: "*Où l'on saura plus tard qu'ici s'inaugurait la Dammantion*"[20] (Perec, 2005, p. 11). Essa epígrafe nos dá uma ideia do que acontecerá durante a narrativa: o não entendimento diante das diversas e absurdas mortes, a danação total e banal, a ruína e o suplício do ser e da linguagem e a impossibilidade de expressar o que de fato acontece.

A inovação proposta pelo testemunho em *La disparition* é descrita por Ruiz (2012, p. 837):

> Mas o que é agora revelado pelo Perec? Perec, como se vê, conta a história de sua própria experiência traumática. Isto é, ele conta, mas através de outra pessoa. Ainda mais pungente, através do silêncio de outra pessoa. Mas tecnicamente isso é outra coisa: o advento de um procedimento sem precedentes na história da literatura.

Há muitas entradas possíveis em *La disparition*, e só considerar esse livro como um grande lipograma é limitar o poder da *contrainte*. Assim escreve Marc Parayre (2007, p. 140): "De fato, reduzir o desaparecimento ao seu único aspecto de lipograma é limitar o escopo do trabalho a um simples exercício, um jogo de alfabetização". Por isso, podemos pensar também este livro como um *além*-testemunho com diversas restrições, característica encontrada em toda obra de Perec, o que chamaremos de metatestemunho.

Existem muitas acepções para o termo *meta* interessantes para este estudo. Segundo o Dicionário Houaiss (2001), o prefixo significa:

> Prefixo culto, do gr. *metá* (adv. e prep., orign.) 'no meio de, entre; atrás, em seguida, depois; com, de acordo com, segundo; durante'; já no próprio gr.cl. formava vocábulos com as ideias de: 1) 'comunidade ou participação'; 2) 'interposição ou intermediação'; 3) 'sucessão (no tempo ou no espaço)'; 4) 'mudança de lugar ou de condição'; em gr., ocorre na f. *met-* antes de vogal não aspirada e na f. *meth-* antes de vogal aspirada, formas sob as quais, como prefixos, se aglutina a derivados assim cunhados; há presença deste antepositivo, já em voc. orign. gregos, como *metábole*, *metáfora*, *metáfrase* e *metamorfose*, já em cultismos da terminologia científica, mais especificamente química, dos XIX em diante.

O discurso de Perec em *La disparition* está *além* de um simples testemunho. Há, inicialmente, uma restrição imposta que remete à marca indelével da *Shoah*. Misturando ficção, criação, História e metáfora, esse livro está também *no meio* e *entre* as possibilidades testemunhais da literatura. Permeado de referências e de conotações ao desaparecimento dos judeus e de seus pais, o livro lipogramático está *de acordo* e em *comunidade* com a literatura de teor testemunhal, porém, com certa *mudança de condição e de lugar*. E diante das diferenças estruturais e contextuais desse livro, acreditamos estar diante de um metatestemunho.

A leitura a partir do lipograma, apesar de não ser a única, como salientado acima, é fundamental. A estrutura e a narrativa do livro giram em torno do desaparecimento da letra e, dessa forma, há uma autorrepresentação e uma reflexividade relativas à própria questão lipogramática. Assim escreve Bernard Magné (1986, p. 84) sobre essa autorreferência ou metatextualidade: "Um romance como *La disparition* continua a acumular, do começo ao fim, as representações conotando o lipograma em E, a tal ponto que o livro, em sua totalidade, é metatextual". O termo metatextual empregado por Magné (1982, p. 71), ao se referir ao livro de Perec, está relacionado ao conjunto de ferramentas utilizadas pelo autor para se trabalhar com o texto, tanto na forma conotativa quanto denotativa com o intuito de atingir seus objetivos literários: "o conjunto de dispositivos pelos quais um texto designa, seja por denotação ou por conotação, os mecanismos que o produzem". Estendendo, portanto, este termo para o testemunho e sua própria capacidade de falar de si próprio, temos, portanto, o metatestemunho.

Analisando também as referências à *Shoah* e a esse testemunho especial presentes em *La disparition*, encontramos somente três personagens que permanecem vivos até o último capítulo: Arthur Wilburg

Savorgnan, Squaw e Swann. Essas iniciais A, S, W são um primeiro indício e referência direta a Auschwitz. Não há, entretanto, um extermínio sistemático dentro do livro, porém, há o desaparecimento de certas pessoas de uma mesma raça que são marcadas com um símbolo distintivo, fato verificado também durante a *Shoah*.

> O desaparecimento não é uma parábola - essa parábola foi uma farsa - do genocídio dos judeus. Mas a ficção inventada por Perec desmembra, move, reelabora elementos dessa história. Querer eliminar um povo da superfície da Terra começa a partir de um projeto tão louco quanto querer eliminar uma letra do alfabeto. A história do genocídio é tomada aqui, ao contrário. Em face da loucura nazista (e seu desdobramento dos princípios de eliminação), Perec compôs uma risada além do riso. Só uma espécie de parafuso cómico, uma banda desenhada que vai até ao fim da sua violência, poderia dar toda a sua medida ao que era insano, absurdo no meio do terrível. (Burgelin, 1988, p. 105)

Violência desregrada e projeto insensato de eliminação estão presentes na *Shoah* e em *La disparition*. Nos primeiros capítulos do livro aparece um personagem, Anton Voyl, que questiona, sem muito entender, o que de fato está acontecendo: "*tout avait l'air si banal, si normal, si commun*" (Perec, 2005, p. 20),[21] mas algo de terrível, *damnation*, acontecia: "*on pillait, on violait, on mutilait. Mais il y avait pis: on avilissait, on trahissait, on dissimulait. Nul n'avait plus jamais un air confiant vis-à-vis d'autrui: chacun haïssait son prochain*"[22] (Perec, 2005, p. 14). Assim como escreve Seligmann-Silva (2005, p. 75) sobre a literatura de Kafka: "o espetáculo da catástrofe a que se resume a vida (moderna) é apresentado como se fosse um evento banal. Também a temporalidade da narrativa é estancada: a literatura de Kafka reduz o mundo a imagens sem um necessário nexo com elas. Sua obra apresenta o 'trauma' do indivíduo alienado moderno que porta em si a marca do choque", percebemos o mesmo nos personagens e desaparecimentos encontrados em *La disparition* e na *Shoah*. Voyl, assim como Kafka, está inserido na sociedade moderna de sua época vivendo episódios catastroficamente banais.

A falsa normalidade e a banalidade são questões recorrentes no livro:

> Tout a l'air normal, tout a l'air sain, tout a l'air significativ, mais, sous l'abri vaccilant du mot, talisman naïf, gris-gris biscornu, vois, un chaos horrifiant transparaît, apparît : tout a l'air normal, tout aura l'air normal, mais

> dans un jour, dans huit jours, dans un mois, dans un an, tout pourrira: il y aura un trou qui s'agrandira, pas à pas, oubli colossal, puits sans fond, invasion du blanc. Un à un, nous nous tairons à jamais.[23] (Perec, 1969, p. 31)

Esses mesmos questionamentos são levantados também por muitos testemunhos primários da *Shoah*. A perda é a questão central dessa narrativa. Quais suas implicações? Qual o sentido de se subtrair uma letra assim como subtrair um ser humano? Essa letra é a letra do *père*, da *mère*, do *frère* (que ele não teve) e dele próprio, Perec, Georges. Assim como seu personagem Voyl, Perec sofre a perda, a falta, o desaparecimento e a total falta de lógica em virtude da *Shoah*:

> Aqui Anton Voyl morre lentamente pelo efeito de um buraco na língua, o produto de um branco e um tabu. A carta que significa a origem é insuficiente, é o corpo que sofre mil tormentos. Voyl também sofre com o fato de que sua memória não tem mais acesso ao que significaria sua origem. Quer haja uma lacuna na linguagem ou na memória, o resultado é o mesmo: um sofrimento inexprimível e incurável. Dizer dessa perda, a metáfora da letra que falta, da peça do quebra-cabeça verbal que está faltando, tem um extraordinário poder implosivo, porque está no centro do que organiza toda a linguagem, a estrutura psíquica, familiar e social.

> Anton Voyl está cansado de não saber ou não saber algo que ele conhece. O reprimido retorna na forma de uma visão que ele nunca consegue tratar, que permanece como uma 'avisão'. (Burgelin, 1988, p. 97-98)

Perec, ainda criança, já tinha consciência de que alguma coisa de terrível se passava. Esse sofrimento inominável e incurável marcou sua literatura. Os mil tormentos e o horror da *Shoah* marcaram o fim da História nos seus moldes clássicos e é isso que Perec pode estar querendo falar ao subtrair uma letra.

> O que na verdade ocorre é o fim da história nos moldes tradicionais, compreendida como uma narrativa que visa a recuperação e a representação de um passado coletivo, nacional, etc. Também entra em colapso na nossa era das catástrofes e de genocídios a própria noção de evolução linear da história. [...] Ao invés de visar uma representação do passado, a literatura de testemunho tem em mira a sua construção a partir do presente. (Seligmann-Silva, 2005, p. 79)

Ao testemunhar, o autor resgata a sua lembrança de um passado marcado pela ferida aberta e pelo presente faltante, incoerente, inconsistente, que produz uma narrativa quase que fantástica na medida em que subtrai o suporte mais frequente da língua.

Perec representa um passado e recupera essa História coletiva de catástrofes, mas à sua peculiar maneira.

> Através da mediação do jogo verbal, Perec põe em cena e em palavras uma história que é uma metáfora deslocada da História sofrida. Ele converte a angústia em riso, passa do papel de vítima para o de hilário organizador de assassinatos lúdicos: Perec encontra as funções mais arcaicas e decisivas do jogo (controle do incontrolável, transferência de obrigações, reparação). (Burgelin, 1988, p. 105)

O desaparecimento da letra mais frequente produz um estranhamento da língua que pode ser interpretado como uma referência ao *Unheimlich* de Freud. O texto, assim como a narrativa de Perec, tornam-se estranhos, difíceis de conceber, de traduzir e de dizer, assim como o próprio testemunho. A estrutura proposta nesse livro já é por si só estranha, misteriosa, sinistra, excepcional e incomum.

Além disso, fazendo um resgate à noção de tragédia como a encontrada no século XVIII, percebemos que o discurso com teor testemunhal não resgata a beleza estética envolvida nessa questão. Hegel (*apud* Seligmann-Silva, 2005, p. 99) formulou que: "a primeira lei da arte trágica era a apresentação da natureza que sofre. A segunda é a apresentação da resistência moral contra o sofrer". Não, no testemunho, assim como em um discurso faltante, não há prazer e nem muito menos resistência moral. Daí a criação do *muçulmano* nos *Lager*: seres que perderam a sua humanidade, sua língua e foram privados da própria vontade de viver. Há, aqui, uma total dilaceração da língua e do indivíduo. De acordo com Seligmann-Silva, Nietzsche (1983, p. 28) postula que "o sofrimento é uma forma de grande delícia", o que não condiz com o testemunho dos sobreviventes da *Shoah* e, sobretudo, não pode ser encontrado nesse livro de Perec: árduo e duro, tanto na composição quanto na leitura.

A *Shoah*, interpretada como aniquilamento, destruição, catástrofe sem entendimento, é inominável. Não há explicação, há somente uma aceitação diante do incompreensível e isso é muito bem explicado em *La disparition* no momento em que Perec faz uso da palavra *damnation*, possivelmente traduzida por danação, decadência moral, ruína. Assim escreve Perec (1969, p. 216) sobre o incompreensível diante da Morte:

> Nous avons connu, nous connaîtrons la Mort, sans jamais pouvoir fuir, sans jamais savoir pourquoi nous mourrons, car, issus d'un Tabou dont nous nommons

> l'Autour sans jamais l'approfondir jusqu'au bout (souhait vain, puisqu'aussitôt dit, aussitôt transcrit, il abolirait l'ambigu pouvoir du discours où nous survivons), nous tairons toujours la Loi qui nos agit, nous laissant croupir, nous laissant mourir dans l'Indivulgation qui nourrit sa propagation...[24]

A letra faltante também faz referência ao próprio Perec, indivíduo que não desapareceu na *Shoah* e por isso foi capaz de compor um metatestemunho. Ele sim tem a (in)capacidade e a lucidez (e obscuridade) de escrever sobre o que se passou, porém, sem entender o trauma da extinção de seus pais e sem compreender a estrutura política que desencadeou o nazismo. Além disso, o escritor está limitado pela língua, pela História, pela ficção e pela falsa memória ao metatestemunhar por meio desse seu livro restritivo.

Encontramos ainda a inventividade criativa do autor em que o teor testemunhal aparece pela capacidade literária e restritiva: "Como resultado, o desaparecimento gradualmente se torna um hino à fecundidade narrativa, à fertilidade textual. Perec nunca para de rir ao se ver tão bonito, tão inventivo neste espelho de palavras" (Burgelin, 1989, p. 109). Dessa forma, o testemunho é inscrito na própria linguagem:

A literatura do século XX foi abalada pela história, assim como Benjamin afirmou que a reprodutibilidade técnica gerou um 'abalo violento' da tradição. A reprodutibilidade representou o fim da tradição e da sua passagem pelas gerações. O fim também da unicidade da obra, com sua materialidade através da qual ela dava um testemunho do seu presente. Ora, mas a literatura não transmite seus testemunhos apenas na materialidade do seu suporte. *Na qualidade de produto do intelecto, seu testemunho está inscrito na própria linguagem,*[25] no uso que faz dela, no modo como através de uma intricada tecedura ela amara o 'real', a imaginação, os conceitos e o simbólico. Podemos, portanto, falar de um teor testemunhal da obra literária que permanece mesmo em plena era da reprodutibilidade técnica e, depois dela, na era da síntese de imagens. [...] a literatura do século XX foi em grande parte uma literatura marcada pelo seu presente traumático. Cabe a nós aprendermos a ler esse teor testemunhal: assim como aprendemos que os sobreviventes necessitam de um interlocutor para seus testemunhos. A literatura de uma era das catástrofes desenvolveu também a nossa sensibilidade para reler e reescrever sua história, do ponto de vista do testemunho. (Seligmann-Silva, 2005, p. 76-77)

La disparition relê e reescreve a História à sua peculiar maneira além de reforçar a ideia de Benjamim ao conceber a história como trauma e a historiografia como testemunho. "Ela fora decantada com base na convicção de que toda história é fruto do encontro, de um entrecruzar de um determinado presente com o passado" (Seligmann-Silva, 2005, p. 80). Perec entrecruza lembranças, histórias, memórias, restrições, metáforas e ficções. Benjamim (*apud* Seligmann-Silva, 2005, p. 80) escreve: "a imagem do passado que cintila no agora da sua reconhecibilidade é de modo geral uma imagem da memória. Ela assemelha-se às imagens do passado que assaltam as pessoas na hora do perigo". Assaltado por imagens traumáticas e pelo perigo de esquecer, Perec constrói várias histórias com o mesmo pano de fundo: a *Shoah*; elemento recorrente, assim como suas restrições.

Perec trabalha os conceitos encontrados na teoria de testemunho de uma maneira diferente e única e, também por isso, o metatestemunho. Usa recursos ficcionais, metatextuais, da geração "1,5" e discute a própria literatura e sua fidelidade e perjúrio, sua verdade e falsidade, seu direito e sua indignidade, como escreve Derrida:

> Para permanecer uma testemunha, ele deve, portanto, ser assombrado. Ele deve permitir-se ser parasitado pelo próprio fato de que ele exclui de seu coração a possibilidade, pelo menos, da literatura. É neste limite indecidível que vamos tentar ficar. Este limite é uma oportunidade e uma ameaça, o recurso ao mesmo tempo do testemunho e da ficção literária, a lei e a não-verdade, a verdade e a não-verdade, a veracidade e a mentira, a fidelidade e perjúrio. (Derrida, 1998, p. 31)

Uma das explicações possíveis para a subtração do *e* é o de fazer referência à sua privação do convívio com seus pais imposta pelos nazistas. Assim, podemos considerá-lo como um metatestemunho, posto que a morte, a subtração de uma parte crucial da sua vida, é apresentada não de forma explícita, mas através de uma *contrainte*. Isso que chamamos de metatestemunho é bem diferente do testemunho descrito em *W ou A memória da infância*. Nesse último livro, Perec discute, por meio de uma autobiografia ficcional, a relação de sua vida, como um filho do nazismo e um mundo imaginado que permitiu democraticamente a existência da *Shoah*. Fatos e lembranças de sua infância são narrados em paralelo com uma suposta sociedade que vive em função de regras bem estritas. Aqui, Perec, à sua maneira única, constrói um livro com teor testemunhal uma vez que apresenta fragmentação e a predominância do caos sobre a ordem, elementos sempre presentes nesse tipo de literatura.

La disparition discute a falta, a limitação, a intraduzibilidade e a impossibilidade de narrar o que de fato aconteceu, embora seja necessário tentar – e tentar com as armas restritivas e traumáticas que possui. Segundo Derrida (1998, p. 32) e Deleuze, o acontecimento é o gerador de sentido, e as interpretações podem ser diferentes diante de um mesmo acontecimento: "sentido como acontecimento puro, algo ao mesmo tempo impassível e gerador". Perec, diante das relações sentido/acontecimento e vida/ação, produz uma obra diferente do ponto de vista testemunhal, dado que é a partir de restrições (*contraintes*) que dialoga com as limitações. Se, de acordo com Derrida, a literatura é sempre o espaço de *différance*, onde *afasta* e *diferencia*, o lipograma de Perec cumpre bem esse papel diante do leitor.

As noções de acontecimento em Deleuze podem ser muito bem aplicadas à obra de Perec. O lipograma e as *contraintes*, à medida que estão sempre presentes no texto, muitas vezes não são percebidas ou encontradas. Elas são processos "durante", uma vez que permeiam sempre o texto e a *contrainte* passa a ser o próprio sentido do testemunho. A *contrainte* é a "instância paradoxal" em Perec, posto que liga significante e significado. E se, segundo Deleuze, o acontecimento é uma "verdade eterna", o lipograma, por exemplo, é tal verdade eterna e, além disso, não permite tradução. Assim, de acordo com Deleuze, a linguagem remete a um Acontecimento, algo extralinguístico que permite a compreensão do sentido.

Entendemos que Perec discute de forma ficcional conceitos em relação ao testemunho:

> A literatura de testemunho apresenta um modo totalmente diverso de se relacionar com o passado. A sua tese central afirma a necessidade de se partir de um determinado presente para a elaboração do testemunho. A concepção linear do tempo é substituída por uma concepção topográfica: a memória é concebida como um local de construção de uma cartografia, sendo que nesse modelo diversos pontos no mapa mnemônico entrecruzam-se, como em um campo arqueológico ou em um hipertexto. (Seligmann-Silva, 2005, p. 79)

La disparition pode ser estudado sob o ponto de vista formal e da possibilidade poética de um texto composto sem a letra mais importante do alfabeto francês. Dessa forma, como argumentou Adorno (*apud* Seligmann-Silva, 2003, p. 31), "escrever um poema após Auschwitz é um ato de barbárie, e isso corrói até mesmo o conhecimento de porque hoje se tornou impossível escrever poemas". Conjecturamos que, nesse livro, Perec constrói seu *Unheimlich*, seu estranhamento e sua barbárie em relação à língua, e a possibilidade de retratar e compreender a *Shoah*, uma espécie *perecquiana* de *Bildverbot*. A *lacuna* em Perec é preenchida pela *contrainte*.

Em *La disparition*, Perec dialoga, também, com Giorgio Agamben, em seu livro *O que resta de Auschwitz*, já que apesar de suas classificações, arquivamentos e listas, *o que resta*, a lacuna essencial (a *contrainte*), é a que funda a língua do testemunho. Sabendo que não existe um discurso que esgote a dor e nem que recubra toda a experiência de Auschwitz, Perec mostra de forma estrutural esse "não dar conta", essa impossibilidade por meio da letra faltante, por meio da ausência e dor pelos seus pais. Mas ele utiliza o ponto crucial que "o testemunho é apenas uma fonte que deve ser utilizada com rigor" (Seligmann-Silva, 2003, p. 16) através da extrema rigidez do seu lipograma, conduzindo, assim, sua simbiose estrutural entre o *Unheimlich* e o *Heimlich*. É interessante notar que essa circularidade do estranho e do familiar, presente nos escritos de testemunho primários (e, aqui, no testemunho secundário de Perec), nos remete ao conceito matemático da Banda de Moebius e suas divagações em Jacques Lacan. A *contrainte* de Perec tem sempre uma relação com a matemática.

Além disso, podemos encontrar também, em *La disparition*, o problema da fragmentação e da impossibilidade de acomodar o texto na memória do autor, uma vez que há uma certa criptografia estrutural. A ausência da letra mais frequente torna quase impossível a tradução e a recepção da obra em outras culturas, épocas e línguas. Porém, mesmo em face a essa limitação, mesmo diante da impossibilidade de construir um livro lipogramático e de recepcioná-lo, ele ainda é feito, como também são feitos (e devem ser realizados) os testemunhos da *Shoah*.

A ausência em Perec é a ausência pura em Derrida? "Só a ausência pura – não a ausência disto ou daquilo – mas a ausência de tudo em que se anuncia toda a presença – pode inspirar, ou por outras palavras trabalhar, e depois fazer trabalhar. O livro puro está naturalmente virado para o oriente dessa ausência que é, aquém e além da genialidade de toda riqueza, o seu conteúdo próprio e primeiro" (Derrida, 1995, p.

20). Daí a ausência da letra *e*, da utilização sistemática de restrições e do metatestemunho literário.

O que resta da matemática e das memórias traumáticas

Perec utiliza as *contraintes* para mostrar as limitações e as lacunas, diferentemente, por exemplo, de Agamben e Levi. Neles, percebemos uma tentativa de narrar e descrever o que não pode ser narrado nem descrito, testemunhar o *intestemunhável* a partir da figura do *muçulmano*. O paradoxo de Levi, explicado em Agamben no livro *O que resta de Auschwitz*, torna-se, em Perec, muito mais estruturado e formal, há a presença de conceitos e estruturas matemáticas que permite fundamentar melhor o conceito de paradoxo.

Márcio Seligmann-Silva (2003, p. 48) já havia começado a relacionar alguns trabalhos de Perec com o problema do lembrar e esquecer na literatura de testemunho. Assim, escreve: "Pensar sobre a literatura de testemunho implica repensar a nossa visão da História – do fato histórico. Como lemos em Georges Perec – autor de *W ou A memória da infância* – 'o indizível não está escondido na escrita, é aquilo que muito antes a desencadeou'. A impossibilidade está na raiz da consciência". E, em outro momento:

> Aquele que testemunha se relaciona de um modo excepcional com a linguagem: ele desfaz os lacres da linguagem que tentavam encobrir o 'indizível' que a sustenta. O mesmo Perec afirma ainda: 'sempre irei encontrar, em minha própria repetição, apenas o último reflexo de uma fala ausente na escrita, o escândalo do silêncio deles e do meu silêncio [...]. A lembrança deles está morta na escrita; a escrita é a lembrança de sua morte e a afirmação de minha vida'. (Seligmann-Silva, 2003, p. 48)

W ou A memória da infância também poderia ser considerado uma autobiografia restritiva de Perec:

> A arte da memória, assim como a literatura de testemunho, é uma arte da leitura de cicatrizes (Georges Perec, aliás, narra na sua obra autobiográfica a importância que ele atribuía a uma cicatriz no seu lábio superior, uma marca de 'uma importância capital' que ele nunca tentou dissimular. Outra revelação para nós central no seu livro é um plano de redigir um livro que justamente se deveria chamar *Les lieux* – Os locais – 'no qual eu tento descrever o devir, no decorrer de 12 anos, de 12 lugares parisienses aos quais, por uma razão ou outra, estou particularmente ligado'. (Seligmann-Silva, 2003, p. 56)

William James Booth, em seu livro *Communities of Memory on witness, identy, and justice*, publicado pela Universidade de Cornell, trabalha com a memória de uma forma geral e com relatos biográficos em diversos autores, entre eles Perec. Gabriele Schwab (2010, p. 58) em *Haunting legacies*, publicado pela Universidade de Columbia, faz referência aos livros *La disparition*, *Les Revenentes* e *W ou A memória da infância*. *En passant*, escreve: "Perec não pode falar as palavras *père*, *mère*, *parents*, *famille* em sua novela e nem pode escrever seu próprio nome. O apagamento do seu nome e o vazio em si mesmo é causado por uma inominável perda que está criptografada na ausência da letra camuflada por trezentas páginas de uma cripto-narrativa".

A empreitada de Perec, de conceber, por meio de sua obra, o drama familiar (e o próprio drama), enfrenta desafios, da ordem da própria escrita. Lacan (1998, p. 390) nos apresenta subsídios para entender essa incompletude, ao apontar a constituição do simbólico como um passo anterior à constituição do real, "na medida em que este constitui o âmbito do que fica fora da simbolização". Para o teórico, "o que não veio à luz do simbólico aparece no real". No trauma representado pelo Holocausto, o real resiste ao simbólico, contorna-o, chega a ser negado por este.

Por mais que exprima a dor sofrida com a perda dos pais e a indignação, diante da *Shoah*, Perec, em sua obra, parece deixar-nos entrever que o trabalho de luto não foi encerrado. Resta sempre um resquício a ser verbalizado, uma revolta precisando ser expurgada, a denúncia do horror ao qual famílias como a sua foram submetidas. Por mais que a simbologia expressa em seus escritos aproxime-se do real, o trauma permanece como o elemento recalcado que sempre retorna.

Para Aharon Appelfeld (2004, p. 28) tudo o que ocorreu foi tão gigantesco, tão inconcebível, que a própria testemunha via-se como uma inventora. O sentimento de que a sua experiência não pode ser contada, que ninguém pode entendê-la, talvez seja um dos piores que foram sentidos pelos sobreviventes após a guerra . Em parte, a dificuldade de transpor-se a experiência vivida para o simbólico, para o campo da linguagem ocorre em virtude do apagamento; a memória só existe em dicotomia com o esquecimento: um complementa e alimenta o outro.

Assim, para quem passa por um trauma, como é o caso de Perec, o ato de narrar combina memória e esquecimento. A escrita mediada pela memória nada mais é do que um mecanismo de resistência à deslembrança, um acerto de contas com o próprio passado e também um modo de se conciliar escritura e morte. Ambos se conciliam nas autobiografias e autoficções, uma vez que o texto se presta a preservar a memória, a recordar os mortos e "dar um túmulo a eles" (Seligmann-Silva, 2003, p. 51).

CONCLUSÃO

O fim dos jogos, das trapaças e do trauma fulminante?

Os jogos, as trapaças e o trauma de Perec não têm fim. Eles seguirão nos encantando e nos incomodando. O escritor francês, que nos comoveu com sua breve, rica e potencial obra, foi mais uma criança vítima da incompreensão, do ódio e do abuso de poder. Genocídios têm sido perpetrados, e somente o estudo e o entendimento desses momentos históricos é que poderá colocar, talvez, um fim nesse vale de lágrimas e traumas.

Apesar de *suis generis* na sua estrutura e criatividade, o testemunho de Perec representa uma geração de vítimas e ausências. Susan Sontag (2003, p. 73), em *Diante da dor dos outros*, afirma: "Em termos rigorosos, não existe o que se chama de memória coletiva [...] Toda memória é individual, irreproduzível – morre com a pessoa. O que se chama de memória coletiva não é uma rememoração, mas algo estipulado: *isto* é importante, e esta é a história de como aconteceu, com as fotos que aprisionam a história em nossa mente". Perec depõe em nome de um grupo de vítimas, apesar de produzir seu testemunho de forma restritiva – única maneira que suporta fazer.

Para Maurice Halbwachs (2000), a gênese da transmissão está na família, ou seja, as crianças herdam as lembranças de seus entes próximos para criar, construir e buscar compreender o próprio passado. No caso de Perec, uma vez que suas reminiscências são recriadas longe de seus pais, a memória faltosa, ausente e traumática compõe uma sinfonia sustentada por estruturas restritivas e complexas a fim de não deixar que o trauma tome conta de si. O procedimento obsessivo-matemático de sua obra busca ocupar o lugar da dor. Como escreve Suleiman (2006, p. 50): "Os escritores e artistas são traficantes de substituição, bem como de uma simultânea afirmação e negação da realidade: 'Digo: uma flor! e ... musicalmente se levanta, ideia mesma e suave, a ausência de todos os buquês,' escreveu Mallarmé [2010, p. 157-167] celebremente."

Perec trata de se esquecer e também de se lembrar. Ele se torna um equilibrista ficcional-restritivo da memória e do trauma. Artista, criador e sempre criança, Perec segue nos arrebatando com seu brilhantismo e originalidade.

Notas

1. Essa tabela foi apresentada no *Cahier des charges* de *La Vie mode d'emploi*. Paris: C.N.R.S.et Zulma, 1993 e também no "Quatre figures pour La Vie mode d'emploi", L'ARC n.76 de 1979. Uma versão mais aprofundada sobre os procedimentos matemáticos e as tabelas desenvolvidas por Perec também pode ser encontrada em: Fux, Jacques. *Literatura e Matemática: Jorge Luis Borges, Georges Perec e o Oulipo*. São Paulo: Perspectiva, 2016".

2. O tabuleiro de xadrez é de tamanho 8 x 8, porém Perec utiliza um suposto tabuleiro de 10 x 10, contendo 100 casas.

3. Georges Perec. ed.s Hans Hartje, Bernard Magné, Jacques Neefs. *Cahier des charges de La Vie mode d'emploi*. Paris: C.N.R.S. et Zulma, 1993.

4. Uma versão preliminar deste capítulo foi originalmente publicada em: Fux, Jacques; Oliveira, Humberto Moacir de; Fedatto, Carolina. "Enunciação, psicanálise e os jogos literários de Georges Perec". In: *Travessia* (UFSC), v. 13, p. 95-118, 2013.

5. Os verbos podem ser divididos em relação ao número de argumentos que selecionam. Segundo esse critério, há, basicamente, dois tipos de verbos: os transitivos, que selecionam ao menos dois argumentos na posição de sujeito e objeto, e os intransitivos, que possuem apenas um argumento na posição de sujeito. Entretanto, estudos em gramática relacional (Perlmutter, 1978) e gerativa (Burzio, 1986) apontam para uma subdivisão mais refinada no interior da categoria dos intransitivos motivada tanto por aspectos de ordem semântica (agentividade) quanto de ordem estritamente sintática

(atribuição de caso acusativo). Observou-se que há verbos tipicamente intransitivos, também chamados de inergativos, isto é, que apresentam um só argumento em posição de sujeito agente (x achou), e verbos descritos como sendo inacusativos, ou seja, selecionando um argumento que aparece na posição de sujeito, mas que seria gerado, em estrutura profunda, no interior do sintagma verbal, como um objeto (x sumiu). Isso quer dizer que o sujeito de um verbo inacusativo se comporta de forma parecida ao objeto dos verbos transitivos, ou seja, como sendo *afetado* pela ação do verbo, e não como sendo seu causador.

6. Um texto de tamanho indeterminado, cujas letras podem ser lidas da direita para esquerda ou ao contrário, como se vê em "AMOR - ROMA".

7. Um texto que exclui uma ou mais letras do alfabeto.

8. Jogo chinês conhecido por sua complexidade e pelo grande número de combinações possíveis.

9. Transposição de letras de palavras ou de frases, a partir da qual uma nova palavra ou frase é formada.

10. Sugestão de Lacan (1969/1970) ao enigma da esfinge.

11. Uma *contrainte* pode ser entendida como uma restrição inicial imposta à escrita de um texto ou livro, sendo as mais básicas de caráter linguístico. Existem, porém, outras restrições artificiais, que podem ser de caráter matemático, como as sugeridas pelos fundadores do grupo francês OULIPO, criado em 1960 pelo matemático François Le Lionnais e pelo escritor, enciclopedista e matemático amador Raymond Queneau.

12. Esse paradoxo de se traduzir o intraduzível pode ser relacionado com o paradoxo proposto por Primo Levi em *Os afogados e*

os sobreviventes. Para Levi, o verdadeiro testemunho seria dado pelo próprio muçulmano, embora seja impossível testemunhar (Agamben, discutindo o paradoxo de Levi, tenta mostrar o verdadeiro testemunho do muçulmano em *O que resta de Auschwitz*).

13. Referência ao livro de Jacques Derrida *Demeure.*

14. *Il faudrait dire je. Il voudrait dire je. Mais, quel "je"?*

15. Uma versão preliminar deste capítulo foi originalmente publicada nos artigos: Fux, Jacques. "W ou o testemunho da infância". In: *Letras de Hoje (*Impresso), v. 48, p. 459-466, 2013; Fux, Jacques. "Testemunho em La disparition, de Georges Perec". In: *Agalia (A Corunha)*, v. 105, p. 1-15, 2013; Fux, Jacques; Santos, Darlan. "Linguagem, Metatestemunho e Shoah em Georges Perec" in *Revista Anpoll* v.1 n.33 2012 p.192-207 e em Fux, Jacques; Santos, Vitor Cei. Adorno, Drummond e o teor testemunhal da poesia. *Literatura e autoritarismo* (UFSM), v. 12, p. 141-154, 2012.

16. De acordo com Suleiman (2008, p. 81), essa geração corresponde "àqueles que eram jovens demais para ter uma compreensão adulta do que lhes ocorreu, mas que tinham certa idade durante a perseguição nazista", o que se encaixa perfeitamente à realidade de Perec.

17. O número onze é um palíndromo. Um estudo mais detalhado sobre a fixação de Perec pelo onze pode ser encontrado em *Georges Perec*, de Bernard Magné (1999).

18. Perec inventa uma letra hebraica que seria uma mistura entre outras duas: o *gimmel* e *men.*

19. Em nossas citações de *La disparition*, manteremos o original em francês para que o leitor possa acompanhar o lipograma

perecquiano de supressão da letra *e*. As notas subsequentes, por sua vez, apresentarão os trechos da única tradução publicada em português, intitulada *O sumiço*. Uma controversa discussão sobre a questão da tradução pode ser lida no Post-scriptum do livro publicado e no texto "Pensando em Perec: o que seria uma transcriação haroldiana de textos oulipianos?", de Vinícius Carneiro.

20. "No qual foi inaugurada a Danação, conquanto isso ainda vá tardar a dar na vista" (Perec, 2015, p. 7).

21. "Pois tudo tinha a cara mais banal, mais normal, mais comum do mundo" (Perec, 2015, p. 15).

22. "Pilhavam, violavam, mutilavam. Mas faziam ainda pior: aviltavam, traíam, dissimulavam. Não podiam nunca mais confiar uns nos outros: só tinham ódio para com o próximo" (Perec, 2015, p. 9).

23. "Tudo com a cara mais normal do mundo, mais sã do mundo, mais significativa do mundo, mas, por baixo da fala vacilatória, talismã bobo, coisinha à toa, olha só o horror do caos a dar à vista, a dar à luz: tudo vai vindo com a cara mais normal do mundo, mas, daqui a um dia, oito dias, trinta dias, um ano, tudo apodrirá: um buraco vai ficar mais largo, passo a passo, olvido colossal, poço abissal, invasão do branco. Um por um, vamos nos calar, por todo o porvir" (Perec, 2015, p. 22).

24. "Topamos, vamos topar com o Fim, não vamos achar caminho algum para fugir, não vamos achar razão alguma para nosso óbito, pois, nascidos dum Tabu cujos contornos somos aptos a nominar mas, nunca, a aprofundar (sonho vão, pois dito, transcrito, logo aboliria a ambígua força do discurso no qual vamos substituindo), vamos calar por todo o porvir a Norma

a nos guiar, a nos arruinar, a nos matar com a Indivulgação a possibilitar sua propagação" (Perec, 2015, p. 164).

25. Grifo meu.

Referências

AGAMBEN, Giorgio. *O que resta de Auschwitz*. São Paulo: Boitempo Editorial, 2008.

APPELFELD. Aharon. *Histoire d'une Vie*. Paris: Éditions de l'Olivier, 2004.

BENVENISTE, Émile. (1968) "Estrutura da língua e estrutura da sociedade". In: *Problemas de linguística geral II*. Campinas: Pontes, 1989, p. 93 - 104.

_____. (1970) "O aparelho formal da enunciação". In: *Problemas de linguística geral II*. Campinas: Pontes, 1989, p. 81 - 90.

BERGER, Alan L. and BERGER, Naomi (org). *Second generations voices: reflections by children of holocaust survivors perpetrators*. New York: Syracuse University Press, 2001.

BLANCHOT, Maurice. *The instant of my death*. California: Stanford University Press, 1998.

BURZIO, Luigi. *Italian Syntax: a government and binding approach*. Dordrecht: D. Reisel Publishing Company, 1986.

CALVINO, Italo. *Assunto encerrado*. São Paulo: Companhia das Letras, 2009.

_____. *Porque ler os clássicos*. São Paulo: Companhia das Letras, 1993.

_____. *Seis propostas para o próximo milênio*. São Paulo: Companhia da Letras, 1990a.

_____. *The literature machine.* London: Vintage, 1997.

CARNEIRO, Vinícius. "Pensando em Perec: o que seria uma transcriação haroldiana de textos oulipianos?" in Revista CIRCULADÔ – Ano V – Nº 7 – dezembro 2017 (p.63-92).

CASTRO, Maria Fausta Pereira de. "A infância e a aquisição da linguagem". *Revista Com Ciência nº 72 Infância*, dez. 2005. Disponível em: http://www.comciencia.br/comciencia/handler.php?section=8&edicao=5&id=35. Acesso em fev. 2012.

CIRÍACO, Larissa; CANÇADO, Márcia. "Inacusatividade e inergatividade no PB". *Caderno de Estudos Linguísticos, nº 46 (2)*. Campinas: Unicamp, 2004, p. 207-225.

COMPAGNON, Antoine. *O demônio da teoria.* Belo Horizonte: Ed. UFMG, 2006.

_____. *O trabalho da citação.* Belo Horizonte: Ed. UFMG, 1996.

DELEUZE, G.; GUATTARI, F. *Mil Platôs*, V2, editora 34, Rio de Janeiro, 1995.

DELEUZE, G. *A dobra* - Leibniz e o barroco. Campinas, SP: Papirus Editora, 1991

_____. *Lógica do sentido.* São Paulo: Perspectiva, 1998.

DERRIDA, Jacques, *Gramatologia.* Trad. de Miriam Schnaiderman e Renato Janine Ribeiro.

_____. *A escritura e a diferença.* 3ª ed. Trad. Maria Beatriz M. N. da Silva. São Paulo: Perspectiva, 2002.

_____. *Demeure.* Paris: Galilée, 1998.

____. *Mal de arquivo*: uma impressão freudiana. Rio de Janeiro: Relume Dumará, 2001.

____. *Margens da Filosofia*. São Paulo: Papirus, 1991.

FUX, Jacques. *Literatura e Matemática: Jorge Luis Borges, Georges Perec e o Oulipo*. São Paulo: Perspectiva, 2016.

____. "W ou o testemunho da infância". In: Letras de Hoje (Impresso) , v. 48, p. 459-466, 2013.

____. "Testemunho em *La disparition*, de Georges Perec". In: Agalia (A Corunha), v. 105, p. 1-15, 2013.

____.; SANTOS, Darlan. "Linguagem, Metatestemunho e Shoah em Georges Perec" in *Revista Anpoll* v.1 n.33 2012 p.192-207.

____.; OLIVEIRA, Humberto Moacir de; FEDATTO, Carolina. "Enunciação, psicanálise e os jogos literários de Georges Perec". In: Travessia (UFSC), v. 13, p. 95-118, 2013.

____.; CEI, Vitor; PIMENTEL, Daiane. C. "O real e o paradoxo em Auschwitz". In: Contexto (UFES), v. 12, p. 395-412, 2012.

____.; LEE, Henrique Oliveira. Língua, Literatura e Teoria em Georges Perec. *Cadernos de Letras da UFF* , v. 46, p. 67-85, 2013.

FRANCO, Renato. Literatura e catástrofe no Brasil: anos 70. In. SELIGMANN-SILVA, Márcio (org.). In.: *História, memória, literatura* – o testemunho na Era das Catástrofes. Campinas: UNICAMP, 2003.

FREUD, Sigmund. (1908) "Escritores Criativos e devaneios", v.IX, p.133-146.

_____. (1911) "Formulações sobre os dois princípios de funcionamento mental", v.XII, p.233-246.

_____. (1920) "Além do princípio do prazer", v.XVIII, p.13-78.

_____. (1923) "O Ego e o Id", v. XIX, p.15-82.

_____. (1926) "Inibições, sintomas e ansiedade", v.XX, p.81-174.

_____. (1942) "Personagens psicopáticos no palco", v.VII, p.289-298.

_____. (1996) *Edição Standard das Obras Psicológicas Completas de Sigmund Freud*. Rio de Janeiro: Imago.

_____. A história do movimento psicanalítico. In: *Edição standard brasileira das obras psicológicas completas de Freud*. Vol. XIV. Direção da tradução: Jayme Salomão. Rio de Janeiro: Imago, 1996.

HALBWACHS, Maurice. *Les cadres sociaux de la mémoire*. Paris : Albin Michel, 2000.

JOLY, Jean-Luc. *Connaissement du monde. Multiplicité, exhaustivité, totalité dans l'œuvre de Georges Perec*. Thèse de doctorat sous la direction de Bernard Magné. Université de Toulouse Le Mirail. Avril 2004.

LACAN, Jacques. (1964/2008) *O Seminário, livro 11*: os quatro conceitos fundamentais da psicanálise. Rio de Janeiro: Jorge Zahar Editor, f. 277.

____. (1997) *O Seminário, livro 7*: a ética da psicanálise. Rio de Janeiro: Jorge Zahar Editor, f. 397. (Trabalho originalmente publicado em 1960)

____. (2003). "Lituraterra". In: ____. *Outros escritos*. Rio de Janeiro: Jorge Zahar Editor, f. 397. (Trabalho originalmente publicado em 1971)

LACAN, Jacques. *Escritos*. Rio de Janeiro: Jorge Zahar, 1998.

LE LIONNAIS, François. *Le Jeu D'échecs*. Paris: Presses Universitaires de France, 1974.

LEJEUNE, Philippe. *La Mémoire et l'Oblique*. Paris: Éditions P.O.L, 1991.

LEMOS, Cláudia Thereza Guimarães de. "Das vicissitudes da fala da criança e de sua investigação". *Cadernos de Estudos Linguísticos nº 42 (1)*, 2002, 41-69.

MAGNÉ, Bernard. *Georges Perec*. Paris: Éditions Nathan Université, 1999.

MALLARMÉ, Stéphane. "Crise de verso.". In: __. *Divagações*. Tradução de Fernando Scheibe. Florianópolis: Editora UFSC, 2010.

MILLER, Jacques-Allan. (2005) *Silet*. Rio de Janeiro: Jorge Zahar Editor, f. 334.

PÊCHEUX, Michel. (1975) *Semântica e discurso: uma crítica à afirmação do óbvio*. Trad. Eni P. Orlandi. Campinas: Ed. Unicamp, 1997.

PEREC, Georges. *A vida modo de usar.* São Paulo: Companhia das Letras, 1989b.

____. *Alphabets*. Paris: Galilée, 2001c.

_____. *As coisas*. São Paulo: Nova Crítica, 1969b.

_____. *Espèces d'espaces*. Paris : Galilée, 2000.

_____. *Je me souviens*. Paris: Hachette, 1978b.

_____. *Jeux intéressants*. Paris : Zulma, 1997.

_____. L'augmentation. In: PEREC, Georges. *Theatre I. La poche parmentier et Précédé de L'augmentation*. Paris: Hachette, 2001b. p. 1-59.

_____. *La disparition*. Paris: Denoel, 1969a.

_____. *Le Cahier des charges de la Vie mode d'emploi*. Paris: C.N.R.S.et Zulma, 1993.

_____. *Nouveaux jeux intéressants*. Paris : Zulma, 1998.

_____. *Romans et Récits*. Paris: Librairie Générale Française, 2002.

_____. *Tentative d'épuisement d'un lieu parisien*. Paris: Christian Bourgois Editeur, 2003a.

_____. *Theatre I. La poche parmentier et Précédé de L'augmentation*. Paris: Hachette, 2001a.

_____. *W ou A memória da infância*. São Paulo: Companhia das Letras, 1995.

_____. *O sumiço*. Belo Horizonte, Autêntica, 2015. (Tradução de Zéfere)

PERLMUTTER, David. "Impersonal passives and the Unaccusative Hypothesis". *Berkeley Linguistics Society* 4, 1978, p.157-189.

REGGIANI, Christelle. *La Rhétorique de l'invention de Raymond Roussel à l'Oulipo*, thèse soutenue le 17 novembre 1997 à l'École normale supérieure.

REGGIANI, Christelle; MAGNÉ, Bernard (Org.). Écrire l'énigme. Paris: PUPS, 2007.

REIG, Christophe. Jacques Roubaud Énigmes du Roman / Romans à énigmes. In: REGGIANI, Christelle; MAGNÉ, Bernard (Org.). Écrire l'énigme. Paris: PUPS, 2007. p. 187-199.

SCHWAB, Gabriele. *Haunting legacies: violent histories and transgenerational trauma*. New York: Columbia University Press, 2010.

SELIGMANN-SILVA, Márcio. *História Memória Literatura*: o testemunho na era das catástrofes. Campinas: Editora Unicamp, 2003.

_____. *O local da diferença*: ensaios sobre memória, arte, literatura e tradução. São Paulo: Editora 34, 2005.

SONTAG, Susan. *Regarding the Pain of Others*, [Diante da dor dos outros. Tradução de Rubens Figueiredo. São Paulo: Companhia das Letras, 2003].

SULEIMAN, Susan Rubin. *Crises de memória e a Segunda Guerra Mundial.* Tradução de Jacques Fux e Alcione Cunha da Silveira. Belo Horizonte: Ed. UFMG, 2019.

_____. "Expérimentation littéraire et traumatisme d'enfance : Perec et Federman em" NORDHOLT, Annelise Schulte (org.). *Témoignages de l'après-Auschwitz dans la littérature juive-française d'aujourd'hui.* New Yord: Rodopi, 2008 (p.81-99).

_____. "The 1,5 Génération : Thinking about Child Survivors and the Holocaust" em *American Imago*, vol. 59, n. 3, p. 277-295, 2002.

_____. "The 1,5 Génération. Georges Perec's W or the Memory of Childhood" em M. Hirsch & I. Kacandes éds., *Teaching the Representation of the Holocaust*, New York, Modern Language Association, 2004, p.372-385.

_____. *Crises of memory and the Second World War*. Cambridge: Harvard University Press, 2006.

Agradecimentos

À Maria Esther Maciel e à Christelle Reggiani pela orientação no doutorado e por me mostrarem a magia de Georges Perec. Ao Márcio Seligmann-Silva, Roniere Menezes, Eneida Maria de Souza pela amizade e pela supervisão durante os meus estudos de pós-doutorado. À Susan Suleiman e à Universidade de Harvard por me abrirem os olhos para uma biblioteca infinita e encantada de possibilidades e ficções. À CAPES e ao CNPq pelas bolsas de pesquisa. Aos amigos Darlan Santos, Carolina Fedatto, Vitor Cei e Humberto Oliveira. À Maíra Nassif e Relicário Edições pela bela publicação.

Sobre o autor

Jacques Fux é autor de *Antiterapias* (Scriptum, 2012), vencedor do Prêmio São Paulo, *Literatura e Matemática: Jorge Luis Borges, Georges Perec e o OULIPO* (Perspectiva, 2016), vencedor do Prêmio Capes de Melhor Tese e finalista do Prêmio APCA, *Brochadas* (Rocco, 2015), Prêmio Cidade de Belo Horizonte, *Meshugá: um romance sobre a loucura* (José Olympio, 2016), vencedor do Prêmio Manaus, e de *Nobel* (José Olympio, 2018). Doutor em Literatura pela *Université de Lille 3* e UFMG e pós-doutor pela Universidade de Harvard, Unicamp, UFMG e CEFET-MG. Seus livros serão publicados em Italiano, Espanhol e Hebraico em 2019.

1a edição [2019]

Esta obra foi composta em Lyon Text
e Graphik sobre papel Offset 120g
para a Relicário Edições.